Introdução à
Filosofia Clínica

Coleção Filosofia Clínica
Coordenador: Hélio Strassburger

Comissão editorial:
Cláudio Fernandes – Filósofo clínico / SP
Gustavo Bertoche – Filósofo clínico / RJ
Ildo Meyer – Filósofo clínico / RS
Fernando Fontoura – Filósofo clínico / RS
Miguel Angelo Caruzo – Filósofo clínico / RJ
Rosângela Rossi – Filósofa clínica / MG
Diego Baroni Menegassi – Filósofo clínico / RS

Dados Internacionais de Catalogação na Publicação (CIP)
(Câmara Brasileira do Livro, SP, Brasil)

Caruzo, Miguel Angelo
   Introdução à Filosofia Clínica / Miguel Angelo Caruzo. – Petrópolis, RJ : Vozes, 2021. – (Coleção Filosofia Clínica)

   1ª reimpressão, 2022.

   ISBN 978-65-5713-135-0

   1. Filosofia 2. Filosofia Clínica I. Título. II. Série.

21-62442   CDD-142.78

Índices para catálogo sistemático:
   1. Filosofia Clínica   142.78

Cibele Maria Dias – Bibliotecária – CRB-8/9427

Miguel Angelo Caruzo

Introdução à Filosofia Clínica

Petrópolis

© 2021, Editora Vozes Ltda.
Rua Frei Luís, 100
25689-900 Petrópolis, RJ
www.vozes.com.br
Brasil

Todos os direitos reservados. Nenhuma parte desta obra poderá ser reproduzida ou transmitida por qualquer forma e/ou quaisquer meios (eletrônico ou mecânico, incluindo fotocópia e gravação) ou arquivada em qualquer sistema ou banco de dados sem permissão escrita da editora.

CONSELHO EDITORIAL

Diretor
Gilberto Gonçalves Garcia

Editores
Aline dos Santos Carneiro
Edrian Josué Pasini
Marilac Loraine Oleniki
Welder Lancieri Marchini

Conselheiros
Francisco Morás
Ludovico Garmus
Teobaldo Heidemann
Volney J. Berkenbrock

Secretário executivo
Leonardo A.R.T. dos Santos

Editoração: Elaine Mayworm
Diagramação: Sheilandre Desenv. Gráfico
Revisão gráfica: Alessandra Karl
Capa: WM design

ISBN 978-65-5713-135-0

Este livro foi composto e impresso pela Editora Vozes Ltda.

Dedico este livro aos meus *partilhantes*. Sem eles, este texto seria a exposição de conhecimentos teóricos. Por causa deles, é a expressão da teoria, dos estudos contínuos e, sobretudo, das experiências que somente a prática de consultório pode proporcionar.

Sumário

Apresentação, 11

Considerações iniciais, 17

O início da *clínica filosófica*, 21

Sobre o *partilhante*, 23

Sobre o *filósofo clínico*, 25

A história de uma inquietação, 27

A sistematização da Filosofia Clínica, 30

O mundo como representação, 32

Os métodos no método, 34

O agendamento mínimo, 36

A questão da singularidade, 38

A queixa inicial, 40

As categorias na clínica, 42

A compreensão da circunstância, 44

A experiência do lugar, 46

A vivência do tempo, 48

A questão das relações, 50

A qualidade da interseção na clínica, 52

A montagem da *estrutura de pensamento*, 54

Os tópicos da *estrutura de pensamento*, 57

Como vemos o mundo, 59

A percepção de nós mesmos, 61

Entre o sensorial e o abstrato, 64

A vigência das emoções, 66

As verdades subjetivas, 68

O que está agendado em nós, 71

Os termos universais, particulares e singulares, 73

Sobre compreensão e equivocidades, 75

Os discursos completos e incompletos, 77

Um raciocínio estruturado e outro desestruturado, 79

O que buscamos, 82

As paixões dominantes, 84

Os comportamentos que cumprem funções, 86

As diversas espacialidades intelectivas, 89

Sobre os dados de semiose, 91

O significado do que recebemos, 93

As armadilhas conceituais, 96

Sobre os valores, 98

A singularidade singular, 100

Como conhecemos o que conhecemos, 102

O que mantemos de nós nas relações, 104

Nossos papéis existenciais, 106

O funcionamento de uma problemática, 109

As possibilidades hipotéticas, 111

Sobre a experimentação, 113

As verdades compartilhadas, 114

Analisando a estrutura, 117

As interseções da *estrutura de pensamento*, 118

Sobre a matemática simbólica, 120

A autogenia da *estrutura de pensamento*, 123

Submodos ou como agimos, 125

A tábua de *submodos*, 128

Deixando as generalizações, 129

Do singular ao universal, 130

Ao alcance dos sentidos, 132

Explorando as abstrações, 134

Entre os prós e os contras, 136

Em vias de desfecho, 138

Voltando-se para si, 139

Direcionando-se ao outro, 141

Obtendo mais informações, 143

Indo às razões, 144

Preenchendo as lacunas, 146

Em vias de realização, 148

Ao alcance dos sentidos, 149

Indo além, 151

Adicionando elementos, 153

Tecendo roteiros, 155

A experiência de perceber, 157

Em busca de alívio, 159

O caminho para alívio e compreensão, 161

A caminho da clareza, 163

Sugestões transformadoras, 165

Outra forma de dizer, 167

Algo como o sexto sentido, 169

O que ocorreu antes, 172

Direcionando a atenção, 173

Valorando, 175

As mudanças nas interseções tópicas, 177

Viabilizando o aprendizado, 179

Lidando com ruínas, 180

Analise o caminho da realização, 182

Colocando-se na relação, 184

Cultivando verdades comuns, 186

Planejando a clínica, 188

O *partilhante* ensina, 190

Neurociência, psiquiatria e farmacologia, 191

Processo de formação, 193

Releitura do início da *clínica filosófica*, 195

Conclusão, 199

Posfácio, 201

Referências, 203

Apresentação

As páginas a seguir tratam de uma introdução ao novo paradigma da Filosofia Clínica. Miguel Angelo Caruzo descreve um acolhimento compreensivo com o fenômeno da singularidade. Compartilha noções de cuidado e atenção à vida diferenciadas, uma vez que, dentre outros aspectos, oferece subsídios para desconstruir as crenças na tradição tipológica.

Seu teor narrativo possui clareza e objetividade. Um convite para saber mais sobre essa nova abordagem terapêutica com base na Filosofia. Os conteúdos compartilhados pelo autor possuem um chão teórico-prático significativo, numa interseção de sua trajetória acadêmica como pesquisador (graduação, mestrado, doutorado), com os rituais da *clínica filosófica*.

Desde o livro *Filosofia Clínica* – Propedêutica, de Lúcio Packter, com sua primeira edição em 1997 pela editora AGE de Porto Alegre, além dos cadernos didáticos escritos e reescritos, ainda se aguardava uma introdução didática ao leitor interessado no tema. Sua publicação preenche uma lacuna na bibliografia da matriz filosófico-clínica.

Nela se descreve a base metodológica da Filosofia Clínica, retratando uma terapia de base fenomenológica, analítica da linguagem, estruturalista, em comum acordo com as dialéticas do inesperado. Sua fonte de inspiração é a narrativa da historicidade do *partilhante*, sem catalogá-lo numa camisa de força interpretativa preestabelecida. Amplia a visualização e o convívio com a realidade multifacetada presente em cada discurso existencial.

A expressão "clínica" é utilizada no sentido de Michel Foucault em *O nascimento da clínica*, significando investigação, observação, estudo. Seu fundamento teórico-prático desconstrói definições como: normal x patológico, cura x loucura, diagnóstico x prognóstico.

Miguel Angelo oferece uma transparência sobre as etapas da nova abordagem, resgatando a inspiração dos primeiros tempos, como: *exames categoriais, estrutura de pensamento, submodos*, bem como algumas derivações e acréscimos, com base no desenvolvimento da pesquisa teórica e atendimentos.

O texto transcreve, de forma nítida e acessível, a nova proposta terapêutica, a qual, sob muitos aspectos, ainda desconhecida do público em geral. Talvez pela opção dos centros de formação, em se manter como escolas artesanais, sem arroubos midiáticos sobre sua atuação profissional, bem assim as lentes embaçadas pela excessiva proximidade com os dias de hoje.

Nesse aspecto, a própria formação do filósofo clínico reivindica pessoas diferenciadas, desconsideradas nas seitas acadêmicas e seus currículos cristalizados. Suas interdições epistemológicas, comportamentais, a fogueira das vaidades, interditam a criatividade, a expressividade, a emancipação do olhar, limitando o acesso às lógicas do inusitado.

Com o surgimento desse viés precursor, se amplia a contradição com o território bem ajustado dos sistemas de psicoterapia. Esses métodos, consagrados pelos antigos manuais de classificação humana, repetem, nos seus atendimentos, uma definição pré-concebida. Sua leitura do outro é pré-estabelecida, rígida, formatada, replicando em seu olhar um veto aos inéditos diante de si.

No mesmo sentido, as inúmeras propostas de terapias alternativas, cuidados paliativos, filosofias de aconselhamento, *coaching*, trazem derivações ou associações de fragmentos metodológicos já existentes. Não oferecem uma ruptura com os modelos conhecidos, contribuindo para a manutenção da ciência normal (Thomas Kuhn). É possível, num tempo futuro, que se tenha uma melhor distinção sobre os métodos terapêuticos, seus fundamentos e eficácia. Talvez a Filosofia Clínica, hoje uma metaciência, também possa ingressar na vida acadêmica, apesar de sua ameaça considerável aos protocolos médicos generalistas, a lógica dos DSM's, a indústria dos psicofármacos.

Por outro lado, contribui para a confusão das pessoas o universo da internet, muitas vezes divulgando conteúdos equivocados, incompletos. Esse fato, quando associado à falta de um espírito crítico e reflexivo, pode ser um obstáculo significativo para saber mais sobre qualquer coisa.

Sua avalanche de informações, assim descrita, pode significar distorção, desinformação.

O novo paradigma da Filosofia pressupõe, como fundamento, a construção compartilhada entre duas ou mais pessoas. Desde os momentos iniciais, superando o *assunto imediato*, depois com os *exames categoriais*, a percepção da estrutura de pensamento, o vislumbre e a escolha dos procedimentos clínicos, a região onde o filósofo clínico atua, pela via da interseção, é a perspectiva partilhante e suas possibilidades estruturais.

Sua prática contradiz os pressupostos das internações psiquiátricas involuntárias, por exemplo, bem como a resultante oferecida por seus diagnósticos e tratamentos: sujeito nenhum! Condição verificável, após sua devolução à família: um ser vegetal, conformado num canto da sala. Ao legalizar a crueldade, o hospício, a família, a figura do alienista, expõem uma sociedade ideologizada e injusta, em busca de calar as vozes que ela mesma produz.

Assim Miguel Angelo Caruzo convida a conhecer mais! Suas palavras têm um tom agradável, didático, em traços de um saber aprendiz. Destacando o acolhimento, a interação e a qualificação dos processos existenciais da pessoa sob os cuidados do filósofo. Essa nova abordagem terapêutica, em seus escassos 25 anos, desde a abertura do Instituto Packter em Porto Alegre, oferece um reencontro com as buscas por bem-estar subjetivo.

A obra, dentre outros aspectos, tem a virtude da clareza, concedendo uma adequada tradução ao leitor. O autor apresenta esse trabalho como resultante das suas atividades de pesquisa e consultório, tendo como farol o construto metodológico da Filosofia Clínica.

Desejo boas leituras e releituras!

Hélio Strassburger
Casa da Filosofia Clínica

Considerações iniciais

A Filosofia Clínica é um método terapêutico recente. Mas, sua trajetória de consolidação de quase três décadas não torna simples a tarefa de apresentá-la. Pois ela é tão profunda quanto vasta e seu sentido tende a ser mais claro para quem a pratica do que para aqueles que se dedicam ao estudo exclusivo dos aspectos teóricos que a constituem. Por isso, é necessário delimitar a abordagem desta obra. Entre os diversos modos de expor a Filosofia Clínica haveria a complexa e a modesta. No primeiro caso, o intento seria abarcar uma noção mais completa. Assim, apresentaria os filósofos que inspiraram seu processo de construção ou sistematização. Em seguida, faria a interpretação e adaptação desses pensadores para a aplicação na prática terapêutica realizada por seu sistematizador, Lúcio Packter. Por fim, seriam expostos os desdobramentos e possibilidades de todos os elementos do método da *clínica filosófica*. Talvez fosse a proposta ideal se esse processo não custasse textos que comporiam uma enciclopédia permanecendo, ainda assim, aquém de esgotar qualquer tema.

Por outro lado, haveria o modo mais modesto de introduzir a Filosofia Clínica ao leitor não especializado nas terapias nem na própria filosofia. Ele consistiria em expor o conteúdo se atendo aos conceitos imprescindíveis e trabalharia as explicações abdicando das minúcias teóricas que a precedem. Desse modo, a essência da Filosofia Clínica permaneceria, uma vez que ela é eminentemente prática, e o texto trabalharia justamente as compreensões que ajudam a entender o processo terapêutico a partir dos elementos que a compõem.

Tendo em vista tornar este livro acessível ao estudante de Filosofia Clínica e ao público interessado em ter um primeiro contato com essa área, a segunda abordagem se faz adequada. Evidentemente, referências a filósofos e escolas filosóficas são feitas. No entanto, sem que o leitor que os desconheça tenha prejuízo na compreensão do que é o cerne da *clínica filosófica*.

O livro percorre explicações sobre o que é a Filosofia Clínica, os pressupostos necessários ao *filósofo clínico* e as etapas do trabalho de atendimento. Desse modo, o conteúdo pretende englobar um público variado, além dos que pretendem se formar para atender em consultório.

É importante destacar que o conteúdo da Filosofia Clínica é complementar. Cada conceito apresentado torna-se mais claro ao ser relacionado com os seguintes e os anteriores. Porém, neste trabalho, a exposição dos conceitos que aparecerão em *itálico* será gradativa. No início, a explicação prescindirá o conceito caso ele seja explicado em capítulos posteriores. Com isso, pretendemos evitar a apresentação de todo arcabouço conceitual da Filosofia Clínica sem ter dado sua respectiva explicação. Desse modo, o leitor que reler a obra perceberá que, por exemplo, no segundo capítulo foi dito sem conceitos o que, como conceito, aparece no sétimo, décimo ou vigésimo capítulo.

Para favorecer a didática, o texto do próximo capítulo, intitulado "O início da *clínica filosófica*", é utilizado como base de orientação para o esclarecimento das etapas do método. Por isso, alguns capítulos mencionam trechos desse texto seguido dos desdobramentos explicativos. No fim da obra é realizada uma "Releitura do início da *clínica filosófica*" na qual o texto, antes exposto de modo simplificado, é reapresentado a partir dos conceitos próprios do método da Filosofia Clínica.

O intento desta obra é viabilizar o primeiro contato com o conteúdo da Filosofia Clínica a fim de atender também aos que pretendem fazer o curso como complemento para atuar em suas respectivas áreas, como direito, medicina, docência, recursos humanos, outras vertentes terapêuticas etc. Também os que, não interessados em cursar essa especialização, têm o propósito de conhecer esse novo paradigma e até utilizá-lo como meio de autoconhecimento. Independentemente do fim pretendido, torço para que a leitura seja agradável e contribua para a vida de quem lê.

Boa leitura!

O início da *clínica filosófica*

Alguém procura o *filósofo clínico*. Chega ao consultório que pode ser aparentemente igual a qualquer outro que trabalhe com alguma forma de terapia. Então, essa pessoa e o *filósofo* sentam-se em suas respectivas poltronas e o *terapeuta* pergunta "O que lhe traz à terapia?" Assim, pode começar a *clínica filosófica*.

Até aqui, nada diferente de uma terapia convencional. Então, as distinções do método começam a surgir. A pessoa conta o que lhe incomoda: suas dores, dúvidas, questionamentos, angústias, motivos, sofrimentos etc. O *filósofo* ouve atentamente cada palavra, gesto e expressão. A cada pausa que insinua silêncios maiores, o *cuidador* pergunta "O que mais?", ou diz "Continue", ou ainda, "Você dizia que...", e complementa repetindo as últimas palavras literais ditas pela pessoa. E ela continua contando.

Trata-se de uma etapa do processo na qual o *filósofo clínico* fala muito pouco. A escuta é mais importante do que a intervenção. É necessário conhecer a pessoa por ela mesma, havendo um direcionamento sutil, respeitando os momentos do método. Qualquer palavra descuidada do *terapeuta* pode mudar todo o discurso de quem o procurou e produzir um problema que sequer existia.

O relato do que trouxe a pessoa à terapia pode durar minutos, semanas ou meses. Não há como prever. Quando se sabe que o relato chegou ao fim? Pelas repetições ou um silêncio continuado, o que pode dar indícios de que a pessoa esgotou sua queixa inicial. O *filósofo clínico* trabalha sua escuta a ponto de saber quando quem o procurou não tem mais novidades sobre suas queixas iniciais. Há momentos em que a própria pessoa percebe que disse tudo o que tinha a dizer e cessa sua fala.

Concluído o relato, o *filósofo clínico* parte para outra etapa de seu trabalho de escuta. Então, pede à pessoa que conte sua história de vida desde seu nascimento até os dias atuais. Começa o relato. Lembranças da infância, adolescência, juventude e vida adulta. Alguns retornos a momentos anteriores, alguns saltos de meses ou anos à frente. Pouco a pouco, surge uma história.

O *cuidador* está atento aos contextos. Quer saber as circunstâncias, as relações, a experiência de tempo, como a pessoa se sente etc. Para compreendê-la, o *filósofo* procura o contexto, onde estão as bases dessa formação de quem ela é, ou melhor, está sendo e como age. Tal contextualização caminha com a identificação de outros elementos, como a busca da questão a ser trabalhada.

O contexto histórico da pessoa revela os traços determinantes de sua constituição. Em outras palavras, dentro de seu contexto ela mostrou o que é determinante em seu ser e como isso é viabilizado. Em geral, a questão a ser trabalhada está em alguma forma de conflito desses elementos estruturais predominantes. A maneira de trabalhar esses elementos pode vir da própria pessoa. Se ela não tiver seu próprio modo para lidar com isso, em um trabalho conjunto o *filósofo clínico* ensinará novas maneiras.

Ao trabalhar com as questões últimas, a pessoa e seu *terapeuta* constroem um itinerário. Não há tempo específico para isso. Essas sessões podem durar semanas, meses ou anos. Mas, uma vez viabilizado um caminho para a resolução dos conflitos, ela segue sua vida. É estabelecida a alta. Às vezes, em comum acordo. Mas, pode ser que uma das partes decida o momento da alta. E a vida continua.

Sobre o *partilhante*

"Alguém procura o *filósofo clínico*." Quem é esse alguém? Em Filosofia Clínica, a pessoa que faz a terapia é chamada de *partilhante*. Um termo que não é usual nas abordagens terapêuticas. Por que *partilhante* e não paciente ou cliente?

A noção de paciente pode remeter a uma função passiva de uma pessoa à espera dos cuidados de alguém dotado de um saber que exerce o poder de determinar um diagnóstico. O termo cliente se refere a um processo de prestação de serviço, isto é, uma relação comercial. Quando uma pessoa procura o *filósofo clínico* pode ter a intenção de se colocar sob seus cuidados ou de pagar pela solução de seu problema. Mas, o processo *clínico filosófico* é diferente.

O *filósofo clínico* considera que aquele que o procura compartilhará de sua vida por um determinado tempo. Trata-se do tempo da terapia. Por isso, não há um trabalho unilateral. O *terapeuta* não é um oráculo a apresentar a resposta a todas as perguntas feitas pelo *partilhante*. É no processo mesmo da partilha que ocorre o trabalho de consultório. Há uma *construção compartilhada*.

O *filósofo clínico* e o *partilhante* construirão o caminho terapêutico. As ferramentas oferecidas pela Filosofia Clínica permitem que o *cuidador* ouça, compreenda e aprenda sobre aquele que o procura. As questões últimas e as respostas podem estar na própria pessoa, isto é, em sua história de vida. Por isso, o relato da história do *partilhante* contada por ele mesmo é importante.

No processo de partilha, o *terapeuta* é um aprendiz. Ele não está acima nem submisso, mas ao lado, caminhando junto. Sua escuta não consiste em comparações com um arcabouço prévio de diagnósticos onde pode enquadrar aquele que procura por seus cuidados. Não há lista de possíveis quadros de problemas com suas respectivas soluções. A formação em Filosofia Clínica viabiliza um método com construtos formais a serem preenchidos pelo relato do *partilhante*. Embora seja uma caminhada lado a lado, nessa *construção compartilhada* o *filósofo clínico* é o maestro no processo terapêutico. Há uma condução, ainda que sutil, do processo clínico por parte do *filósofo*.

O *partilhante* é como um livro repleto de notas de rodapé ocultas. Na medida em que conta sua história de vida, alguns conteúdos podem ficar pouco claros. A necessidade de esclarecer alguns elementos relatados pode levar o *filósofo clínico* a pedir desdobramentos ou aprofundamentos. É como se o texto fosse o relato e cada intervenção abrisse as notas de rodapé a fim de dar maior clareza ao texto.

24

Nesse texto que é o *partilhante*, o *filósofo clínico* não é um livre intérprete. Suas conclusões passam pela busca de respostas naquele que compartilha de sua vida. Cada dúvida é respondida pela pessoa. O trabalho no consultório é feito considerando o que é esclarecido, detalhado e aprofundado seguindo os critérios do método. O *filósofo clínico* não preenche os vazios deixados pelo relato de seu *partilhante*. Não supõe um inconsciente que guia a vida consciente. Se há o conteúdo que faz parte da estrutura que constitui a pessoa, ele pode ser expresso. Se não pelas palavras, pode ser que surja por meio de textos, pinturas, desenhos, gestos etc. A *construção compartilhada* da clínica se faz pela partilha.

Sobre o *filósofo clínico*

"Alguém procura o *filósofo clínico*." É chamado de *filósofo clínico* aquele que, além de passar pelas etapas teóricas de formação em Filosofia Clínica, também concluiu o processo de habilitação para fazer os atendimentos como *terapeuta*. Por que um termo tão aparentemente contraditório como *filósofo clínico*?

É comum encontrarmos a noção de *filosofia* como algo teórico, distante da vida cotidiana ou prática. Um filósofo seria alguém envolvido com assuntos abstratos cujo resultado da reflexão é escrito de modo hermético, pouco ou nada acessível para o público não especializado, sem nenhuma valia para a vida. Também encontramos esse termo referido ao princípio moral pessoal – a filosofia de vida –, ao conteúdo doutrinário de uma religião – por exemplo, a filosofia do budista – ou até aos valores norteadores de uma organização empresarial – a filosofia da empresa. Quanto ao termo *clínico*, está voltado sobretudo para o âmbito dos profissionais de saúde. Remete à lembrança de hospitais, médicos, enfermeiros, psicólogos e demais trabalhos relacionados à área da saúde. Dificilmente se pensa em clínica referida a algo filosófico.

Mas, é um equívoco pensar em *filosofia* como algo distante da vida cotidiana. Se lembrarmos de Sócrates, o pai da filosofia ocidental, veremos que sua atuação ocorreu em praças. Sua condenação à morte se deu pelo poder de sua reflexão. Os diálogos empreendidos por Sócrates com todos os que ele via pela frente o levaram a ser condenado por corromper a juventude, não acreditar nos deuses e suscitar a criação de novas deidades. Embora tenha se defendido brilhantemente, sua condenação se manteve.

Por sua vez, Julián Marías apresenta duas compreensões de *filosofia*: ciência e modo de vida. Para esse filósofo espanhol, a *filosofia* é um saber e um comportamento. Ambos intrínsecos. Porém, ao longo da história da formação do pensamento ocidental, a ênfase recaía para um dos polos. Talvez, hoje, ela seja exaltada em sua dimensão de conhecimento e sua característica vivencial tenha ficado para as noções supracitadas relacionadas ao senso comum. Mas, não há um rompimento radical entre essas instâncias.

Portanto, a *filosofia* é um saber e um modo de vida e uma de suas expressões de reflexão ocorre por meio de diálogos. A *filosofia* enquanto atividade não só está relacionada à compreensão da vida como traz consequências práticas. Ela é ação de reflexão e de comportamento. Quanto ao termo *clínica*, há dois aspectos a serem considerados. O primeiro diz respeito a algo bastante prático. O estruturador da Filosofia Clínica veio da medicina e seus trabalhos de pesquisa que culminaram nessa abordagem terapêutica foram iniciados em hospitais. O segundo é uma derivação etimológica. A raiz grega do termo em questão se refere ao inclinar-se sobre, ao debruçar-se. Desse modo, a *clínica* remete à inclinação do *terapeuta* sobre as questões do *partilhante*, ao debruçar-se sobre o problema em busca de encontrar caminhos de trabalho.

Portanto, o *filósofo clínico* é aquele que se volta às questões do *partilhante* e, por meio do diálogo, os saberes de ambos são colocados à disposição a fim de viabilizar o trabalho terapêutico. Assim, o *filósofo* com seu método e o *partilhante* com sua história de vida promovem uma *construção compartilhada*.

A história de uma inquietação

O pensador da Filosofia Clínica veio da medicina e sua pesquisa começou em hospitais. Aliás, a história dessa abordagem terapêutica se confunde com a de seu próprio sistematizador. Portanto, é necessário conhecer um pouco do percurso de formação da *clínica filosófica* a fim de viabilizar a continuidade de sua compreensão.

O sistematizador da Filosofia Clínica foi o médico e filósofo gaúcho Lúcio Packter. Ou seja, trata-se de uma abordagem brasileira. Lúcio vem de uma família de médicos e, como tal, fez da medicina seu caminho natural de formação. Porém, o jovem médico, que estudava psiquiatria, psicanálise e as psicologias, permanecia com uma inquietação presente desde a infância.

Nascido em Porto Alegre, em oito de julho de 1962, Lúcio passou sua infância residindo em outras cidades com seus pais. Além do Rio Grande do Sul, ele morou no Rio de Janeiro e em Santa Catarina. As lembranças do estado catarinense foram determinantes para suas inquietações. Ainda na infância, Lúcio chegava a acompanhar os trabalhos de seu pai, um oftalmologista, no hospital. Três sofrimentos eram marcantes: o dos que procuravam os cuidados de seu pai, o dos familiares nas salas de espera e, por fim, de seu pai diante de casos em que não obteve o êxito esperado.

As dores dos familiares não eram físicas como a dos pacientes. Alguns desses pacientes eram operários de uma mina da região que se acidentavam com as explosões da pólvora destruindo seus rostos e comprometendo os olhos cuja visão, mesmo parcial, o pai de Lúcio tentava salvar com procedimentos cirúrgicos. Mas, os familiares sofriam pelas dúvidas, pelas incertezas e por diversas outras dores capazes de afetar a alma humana. Aliás, nem mesmo as dores dos que eram atendidos se restringiam a seus corpos. Lúcio também frequentou a biblioteca de seus familiares e leu bastante filosofia. Ao mesmo tempo, cursou música, aprendendo piano e violão clássicos, e idiomas. Seus familiares, acreditando se tratar de uma criança superdotada, investiram em sua formação. Tudo isso contribuiu para sua sensibilidade e percepção das dores e complexidades alheias.

Lúcio cresceu, se formou em medicina, mas lidar com as dores físicas não bastava. Nos anos de 1980, deixou o consultório médico e foi para Edimburgo, a princípio, para estudar neurologia. Porém, na capital escocesa, ficou sabendo de propostas de terapia que utilizavam a filosofia. Isso reacendeu a paixão do então jovem Lúcio por suas leituras de adolescência e ele se pôs a pesquisar tais propostas.

Nessa época, na Europa havia algumas propostas terapêuticas alternativas, como a Filosofia Prática e a Filosofia de Aconselhamento. Elas tinham como intento, cada uma a seu modo, a aplicação de saberes filosóficos aos problemas apresentados nas consultas aos terapeutas.

O jovem Packter conheceu essas propostas. Mas, não satisfeito com os rumos que elas tomavam no cuidado com o outro, começou sua própria pesquisa. Foi no desdobrar dessa pesquisa que surgiu, no fim dos anos de 1980, a Filosofia Clínica. Um método diferente dos demais criados também com o intento de trabalhar com e a partir da filosofia em consultório.

A sistematização da Filosofia Clínica

Desde as primeiras definições da Filosofia Clínica até as propostas pelos *filósofos clínicos* atualmente, há margens interpretativas bastante diversas. As definições do próprio Lúcio Packter passam por um caráter, às vezes, poético que pouco ou nada contribuem para a compreensão dessa nova abordagem terapêutica. Embora parta da mesma matriz estrutural, cada *filósofo clínico* apresenta uma definição que julga abranger da melhor maneira possível o sentido da *clínica filosófica*. E qual é a nossa definição?

A Filosofia Clínica pode ser definida como *uma abordagem terapêutica cujo método, as bases, a inspiração, o processo e a prática são filosóficos*. A abrangência se dá justamente por se tratar de uma proposta que se concretiza em sua função que é a prática terapêutica. Para compreender a Filosofia Clínica em sua totalidade é necessário aliar as bases metodológicas com o exercício de consultório.

O caráter filosófico da Filosofia Clínica não está em utilizar teses de pensadores para a resolução das questões que levam alguém ao consultório. Packter criou um método inspirado no que cada filósofo podia contribuir para a compreensão das possibilidades de ser das pessoas. Foi sua prática de pesquisa que o levou a construir o método, e não as teorias que o levaram a compreender as pessoas. A *clínica filosófica* nasce de uma prática.

Cada tentativa de formulação de um quadro geral para compreender as pessoas o levava à frustração. As pessoas são diferentes demais para caber em um bloco teórico. Cada filósofo apresentava uma dimensão do homem que não condizia com a totalidade dos homens, mas se aplicava formalmente a algumas pessoas. Assim, Lúcio foi gradativamente sistematizando um método com formas vazias que seriam preenchidas pelo conteúdo trazido pelos *partilhantes*. O conteúdo apresentado por cada pessoa vinha de sua história de vida. Lúcio partiu da anamnese – oriunda de sua formação médica e muito cara a Platão – para colher as informações dos *partilhantes*. Aos poucos, percebeu que cada um deles trazia elementos determinantes em sua constituição, que Packter chamou de *estrutura de pensamento*.

Diante de diferentes características existenciais, Lúcio buscou as bases contextuais nas quais cada pessoa se estruturou. E o caminho onde as encontrou se deu na aplicação do que chamou de *exames categoriais*, inspirado nas categorias desenvolvidas por Aristóteles e Kant, mas elaboradas exclusivamente para o trabalho terapêutico. O contexto histórico foi o "chão" encontrado para compreender onde e como cada estrutura se formou.

Por fim, Packter buscou os modos de agir dos *partilhantes*. Ele investigou as maneiras pelas quais cada um deles viabiliza sua *estrutura de pensamento*. Então, encontrou os *submodos*. Trata-se de meios pelos quais cada pessoa pode tornar possível o que é estruturalmente.

Os *exames categoriais*, a *estrutura de pensamento* e os *submodos* foram formulados a partir do encontro da leitura de dezenas de filósofos com o acompanhamento de inúmeras pessoas e a busca obstinada por ajudá-las em suas dores existenciais. Não se tem um filósofo que serviu como principal base para a formação da *clínica filosófica*. Para compreendê-la, é necessário recorrer a seu próprio estruturador como primeira fonte. Portanto, Lúcio Packter é o filósofo em questão e a sistematização da Filosofia Clínica é fruto de sua investigação.

O mundo como representação

No início, dissemos que "A pessoa conta o que lhe incomoda: suas dores, dúvidas, questionamentos, angústias, motivos, sofrimentos etc." O *filósofo clínico* ouve o relato. Independentemente do que ele pense sobre os assuntos apresentados, em sua formação aprende que tudo o que é dito é assim para a pessoa. Ou seja, o relato se refere ao modo como o *partilhante* percebe, sente, pensa, vê, lida e interpreta seu mundo. Em suma, cada pessoa tem sua própria *representação de mundo*.

Uma das bases do método de trabalho do *filósofo clínico* vem de dois autores: Protágoras de Abdera e Arthur Schopenhauer. O primeiro disse que "O homem é a medida de todas as coisas" e, o segundo, que "O mundo é minha representação". Não é uma questão de relativismo. Lembremos que as bases do comportamento não são universais. Cada pessoa se forma em um contexto histórico que lhe é próprio. E, mesmo assim, não o vivenciam de igual modo. Dois indivíduos podem nascer e crescer na mesma família, época, convivência etc., ter a mesma experiência de seu contexto e manter personalidades distintas. Isso pode ocorrer até mesmo com gêmeos.

Portanto, ao saber que cada pessoa possui uma *representação de mundo*, isto é, um modo particular de ser e experienciar sua vida, o *filósofo* se põe a ouvir atentamente quem procurou seus cuidados. Então, procura compreender o relato com a maior proximidade possível do sentido oferecido pelo próprio *partilhante*. Assim, o *terapeuta* buscará esclarecimento sobre cada palavra, expressão e gesto apresentados na terapia.

Na impossibilidade de obter com exatidão a representação do *partilhante*, o *filósofo*, que também tem sua própria *representação de mundo*, buscará fazer uma *representação da representação*. Se nossa *representação de mundo* tem uma limitação em relação ao modo como vemos o mundo "objetivo", o mesmo ocorre com a *representação* do que nos vem do outro. Por isso, o *filósofo clínico* está ciente de que trabalha com dados aproximativos e não com elementos de exatidão.

Os filósofos que nos acompanham nessa constatação das limitações humanas são Immanuel Kant, Friedrich W. Nietzsche, Karl Popper, Hans-Georg Gadamer, entre outros. Cada um a seu modo nos mostrou os limites de nosso conhecimento e os pressupostos que carregamos quando nos colocamos a investigar algo. Eles nos ensinam o caráter ilusório da neutralidade e do conhecimento absolutos. Portanto, conhecemos o outro por aproximação.

Outro filósofo que nos acompanha no trabalho terapêutico é Edmund Husserl. Em sua proposta de "ir às coisas mesmas" sem teorias prévias que obnubilam nosso encontro com o que está diante de nós, o pai da fenomenologia filosófica nos ensina a fazer uma *epoché*, termo grego que significa *suspensão de juízo*. Na *clínica filosófica*, a *epoché* é um esforço de minimizar as interferências da *representação* do *terapeuta* na compreensão da *representação* do *partilhante*. É um processo complexo, mas necessário.

Em outras palavras, o *filósofo clínico* busca fazer a *representação da representação* de seu *partilhante* em busca de compreendê-lo da maneira mais aproximativa possível. Ciente de suas limitações, o *terapeuta* trabalha sua escuta a fim de que seus juízos interfiram minimamente nesse processo de compreensão.

Os métodos no método

"O *filósofo* ouve atentamente cada palavra, gesto e expressão." A escuta terapêutica do *filósofo clínico* é construída a partir de uma série de bases filosóficas. O método da *clínica filosófica* é próprio, mas inspirado em diversas escolas de pensamento e pensadores dos últimos 25 séculos.

A compreensão estrutural do raciocínio da pessoa vem do estudo da lógica formal. No início da formação dos *filósofos clínicos*, havia uma ênfase na estrutura de raciocínio do *partilhante*. Em casos de *raciocínios desestruturados* –

sem início, meio e fim –, o *terapeuta* deveria encaminhar a pessoa diretamente a um profissional da psiquiatria e abandonar o acompanhamento. Porém, estudos posteriores mostraram a possibilidade de trabalhar com *partilhantes* de raciocínios desestruturados, inclusive os residentes em hospitais psiquiátricos.

O historicismo é a segunda escola filosófica que compõe a inspiração da Filosofia Clínica. Tendo Wilhelm Dilthey como um de seus expoentes, o historicismo, adaptado ao trabalho terapêutico, contribui para a compreensão de que o homem tem uma *historicidade* e, por isso, é compreendido dentro de um contexto.

Outra corrente fundamental para a elaboração do trabalho de Packter é a fenomenológica. Inspirado no pai da fenomenologia, Edmund Husserl, Lúcio busca perceber os *partilhantes* a partir do que apresentam. É o que aparece – o fenômeno – que deve ser percebido. A interpretação do que é dito, gesticulado ou expresso precisa ser consultado em diálogo com a própria pessoa. É ela quem melhor pode traduzir o sentido de suas expressões.

Packter também se serviu do empirismo. Nele, autores como John Locke ensinam que nosso conhecimento vem da experiência. E George Berkeley enfatiza que nossa existência e vivências se confundem, não existindo nada além delas. Para a Filosofia Clínica, cada pessoa possui uma experiência única do mundo, o que as torna singulares.

Ainda há a vertente epistemológica que vem da junção de dois termos. O termo "epistéme" que, em grego, significa ciência, e "logia" que vem de "logos" e significa razão, discurso ou estudo. O *filósofo clínico* busca compreender o modo como o *partilhante* chega a conhecer o que conhece, isto é, como é seu processo pessoal de conhecimento.

Por fim, Lúcio se aprofundou na analítica da linguagem. Ludwig Wittgenstein com seus "jogos de linguagem" nos ensina que não há um sentido unívoco nas palavras, pois o sentido dela está em seu uso com as pessoas e contextos nos quais é apresentado. Já John Langshaw Austin apresentou a ideia da relação da linguagem ordinária com a linguagem filosófica, e John Searle trouxe a questão da intencionalidade e como a linguagem se relaciona com a realidade.

Enfim, o *filósofo clínico* possui um método criado a partir da inspiração de um leitor de diversos autores e escolas filosóficas. A Filosofia Clínica é um método cujo objeto é o *partilhante*. Cada indivíduo é um universo particular a ser compreendido pelo *filósofo clínico* a fim de trabalhar seus conflitos internos – das mais diversas naturezas – e viabilizar um bem-estar subjetivo.

O agendamento mínimo

"É necessário conhecer a pessoa por ela mesma, havendo um direcionamento sutil, respeitando os momentos do método." O tipo de questionamento realizado pode influenciar a resposta recebida. Por isso, as intervenções devem induzir o mínimo possível. A esse procedimento, a

Filosofia Clínica chama de *agendamento mínimo*. Mas, por que não fazer *agendamentos*?

No início de suas pesquisas, Lúcio costumava perguntar o porquê de algumas coisas apresentadas nos relatos das pessoas. Como ele gravava e transcrevia todos os atendimentos, ficava admirado com o caráter racional das respostas. É como se todos os indivíduos lidassem de maneira "cerebral" com suas questões, apresentando noções como as de causalidade. Mas, com o tempo, Packter percebeu que tal modo de expressar era fruto de suas perguntas e não o meio como o sujeito pensa e vive.

Desse modo, se perguntamos para uma pessoa o que ela sentiu diante de determinada situação, mesmo que "sentir" não seja o modo determinante dela vivenciar sua experiência, a pergunta tende a fazer com que ela busque dentro de si experiências em que suas emoções surgiram. O mesmo vale para perguntar o que ela pensou, intuiu e imaginou ou até questões específicas como a familiar, profissional etc. Cada pergunta pode direcionar a resposta.

Assim, Lúcio passou a perguntar "O que mais?", ou a pedir que continue, ou até a repetir as últimas palavras ditas pela pessoa para que ela prossiga daquela parte. O *agendamento mínimo* não significa agendamento nenhum. A presença do *filósofo clínico*, o ambiente onde a *clínica* ocorre e outros elementos são meios de *agendamento*. Mas, a questão é manter o mínimo de influência possível no relato do *partilhante*. Pois o *terapeuta* busca compreender a pessoa por ela mesma.

O *agendamento mínimo* é uma das condições de possibilidade de uma *representação da representação* do indivíduo de modo aproximativo. Cada palavra ou expressão é parte do que o *filósofo clínico* procura compreender para montar a *estrutura de pensamento* do *partilhante* e encontrar seus *submodos*. Quanto mais fiel à literalidade, mais consegue se aproximar do que a pessoa é e de como age. A *estrutura* de cada indivíduo pode ser constituída de uma gama imensa de nuanças. Packter não descobriu isso formulando teorias, mas derrubando suas teorias generalistas ao confrontá-las com a prática de atendimento. As possibilidades de ser são tantas quantas são as pessoas. Por isso, o *filósofo clínico* trabalha com o conceito de *singularidade*.

A questão da singularidade

A Filosofia Clínica contribui para o mundo das terapias ao romper com a noção de normalidade. As leituras das investigações de Michel Foucault acerca da história da loucura e temas correlatos ajudaram Lúcio Packter a desconsiderar a dicotômica ideia de normalidade e patologia.

Pensar em alguém "normal" requer um parâmetro normativo. Quando se diz que há uma anomalia em alguma parte do corpo humano, tal avaliação é feita a partir da noção de que há um ideal de como deveria ser a parte examinada. No caso da loucura, o mesmo ocorre. Mas, em âmbitos psíquicos.

Em 1952, a Associação Americana de Psiquiatria lançou seu primeiro Manual de Diagnóstico e Estatístico de

Transtornos Mentais que, em 2013, teve sua quinta edição atualizada. O acesso a manuais como este pode nos levar à constatação de que, de algum modo, todos somos mentalmente doentes.

As estatísticas, as noções sociológicas, os estudos de grupo e outros equivalentes são de valor inquestionável para a aplicação de políticas públicas, investimentos empresariais, propostas urbanistas, planejamentos sanitários etc. Mas, quando a questão é o trabalho com as complexidades do indivíduo, as afirmações de cunho universais que se propõem como meios de compreensão do ser humano podem ser bastante limitadas.

Essa foi uma das conclusões dos estudos de Packter quando via construções teóricas fascinantes dos filósofos que estudava para compreender as pessoas que atendia, mas que não encontravam consonância em todas elas. Os filósofos contribuíram para que Lúcio pensasse possibilidades humanas a ponto de seu método terapêutico possuir elementos formais e, jamais, afirmações universais. Cada *partilhante* preencherá, de modo único, algumas dessas possibilidades formais de ser e agir apresentados pelos filósofos.

Como a pessoa é vista de modo único, todas as manifestações humanas tornam-se parte das possibilidades inerentes às condições de existência. Assim, as queixas de situações como a depressão, a ansiedade, o déficit de atenção, os transtornos, os vícios e outros são tidas como fenômenos existenciais. Aliás, na *clínica filosófica* esses nomes são apenas conceitos de outras áreas. Em cada caso, o *filósofo clínico* estudará, a partir dos *exames categoriais*, da *estrutura de pensamento* e dos *submodos*, qual a função pode cumprir na vida da pessoa.

Nem todo vício, ansiedade ou depressão é um mal em si. Às vezes, foram as únicas formas para que o indivíduo continuasse vivendo, deixasse um trabalho, rompesse um relacionamento, mudasse de curso, cancelasse uma viagem etc. Até uma enfermidade surgida para abreviar a vida pode ser a oportunidade para a pessoa viver melhor seus últimos dias do que o fez em todo o tempo em que esteve "saudável". Quem é o juiz capaz de dizer o que é o certo e o errado em cada universo particular? Nesses casos, o *filósofo clínico* surge como um aprendiz de complexidades em busca de fornecer os melhores caminhos para que o *partilhante* encontre ou alcance seu bem-estar subjetivo. Afinal, a Filosofia Clínica lida com pessoas específicas, investiga manifestações únicas, isto é, as *singularidades*.

A queixa inicial

"O relato do que trouxe a pessoa à terapia pode durar minutos, semanas ou meses." Em outras palavras, a *terapia* começa com aquele que parece o motivo pelo qual a pessoa procurou o *filósofo clínico*. O próprio processo de fala costuma promover um bem-estar pelo tom de desabafo que viabiliza. Mas, esse é só o começo da *terapia*. Por isso, é necessário saber o momento de ir além.

"Quando se sabe que o relato chegou ao fim? Pelas repetições ou um silêncio continuado, o que pode dar indícios de que a pessoa esgotou sua queixa inicial." Ou seja, o *filósofo clínico* acompanha atentamente cada queixa apresentada. O parâmetro de quando o relato deve cessar não é o tempo que leva para ser contado, mas a reincidência da fala sobre os fatos, pensamentos, ideias etc., ou quando a pessoa parece não ter mais a dizer. É por isso que: "O *filósofo clínico* trabalha sua escuta a ponto de saber quando a pessoa que o procurou não tem mais novidades sobre suas queixas iniciais".

"Há momentos em que a própria pessoa já sabe que disse tudo o que tinha a dizer e cessa sua fala." Também há ocasiões em que o *filósofo* deverá interromper para continuar com outras etapas da *terapia*. É importante destacar que esse primeiro relato – sem tempo determinado – é chamado de *assunto imediato*.

O *assunto imediato* é como a febre. Embora um antitérmico possa baixar ou cessar a febre, sua causa pode não ter sido conhecida ou cuidada. Assim, uma infecção viral, uma inflamação, uma reação psicossomática ou quaisquer outras causas podem ser ignoradas após a temperatura baixar. Porém, o que gerou a febre está presente e o aquecimento corporal, que é inclusive uma forma de combatê-lo, pode piorar.

Desse modo, o *filósofo clínico* compreende o *assunto* que leva a pessoa ao consultório como essa febre, como um sintoma. Há situações em que o *assunto imediato* coincide com o que deverá ser trabalhado na *terapia*. Mas, há casos nos quais a questão a ser trabalhada está oculta e somente uma escuta minuciosa e um aprofundamento na história de vida do *partilhante* podem ser capazes de revelá-la.

Se o que pode levar a pessoa ao consultório é o *assunto imediato*, o que será trabalhado é chamado de *assunto último*. Ambos fazem parte de uma das *categorias* desenvolvidas em Filosofia Clínica. O *assunto último* é o cerne da questão, equivale à causa da febre no trabalho médico. Por isso, o *filósofo clínico* cuida para não agendar ou realizar algum procedimento clínico ño *assunto imediato* até que o *assunto último* seja encontrado. Qualquer ação sem um reconhecimento do que deve ser trabalhado pode, inclusive, escondê-lo ou gerar uma série de outros problemas. Esse reconhecimento do *assunto último* inicia com os chamados *exames categoriais*. O *assunto imediato* e o *último* fazem parte de um dos cinco aspectos ou *categorias* trabalhados pelo *filósofo clínico* a fim de contextualizar a pessoa e conhecer sua *estrutura de pensamento*. Os *procedimentos clínicos* serão frutos desse processo que envolve a escuta e compreensão da *historicidade* do *partilhante*.

As categorias na clínica

Uma vez que colhe o *assunto imediato*, "o *filósofo clínico* parte para outra etapa de seu trabalho de escuta. Então, pede à pessoa que conte sua história de vida desde seu nascimento até os dias atuais". Nesse caminho da *terapia*, há alguns aspectos formais para preencher com o relato do *partilhante* que são chamados de *exames categoriais*.

Os *exames categoriais* constituem a etapa inicial do método. Mas acompanha todo o processo. As *categorias* são *assunto imediato* e último, *circunstância, lugar, tempo* e *relação*. Com esse procedimento metodológico, o *filósofo* torna-se capaz de contextualizar existencialmente seu *partilhante*. Mas, o que são *categorias*? As *categorias* são modos de delimitar algo para conhecê-lo. Tendo em conta que os elementos metodológicos da Filosofia Clínica são formais cujos conteúdos que os preenchem são fornecidos pelo próprio *partilhante*, os *exames categoriais* não visam classificar, mas orientar ou organizar o conjunto de informações que chegam ao *filósofo clínico*. Lúcio formulou os *exames categoriais* inspirado nas categorias elaboradas por Aristóteles e Kant.

Em linhas gerais, Aristóteles elaborou as categorias como predicados do ser. Para ele, a investigação da realidade passa por questões que podemos fazer às coisas. Kant, por sua vez, elaborou categorias do intelecto. Segundo esse pensador alemão, por meio das categorias nosso intelecto torna-se capaz de organizar as impressões oriundas de nossa experiência sensível. Há, portanto, duas dimensões categoriais, a objetiva, aristotélica, e a subjetiva, kantiana.

Na Filosofia Clínica, os *exames categoriais* permitem o acesso e revelam os limites de nossos conhecimentos em relação ao outro. Entre a investigação objetiva e a subjetiva, Packter elabora uma terceira via que as engloba. Não há a pretensão de um saber imutável. É próprio do movimento da vida mudar e o *partilhante*, mesmo quando não trabalha em prol de mudar, está em constante mudança. Mas, os *exames categoriais* viabilizam um mínimo de percepção da localização existencial da pessoa.

Em suma, os *exames categoriais* e seus desdobramentos permitem ao *filósofo clínico* ter uma *representação* para si da *representação* de seu *partilhante*. Assim, o processo de acesso ao mundo do outro passará pela formação da *representação* que faremos para nós mesmos desse mundo. Se tal procedimento parece viabilizar um acesso limitado e distante da perspectiva do outro, esse ainda é o modo viável de aproximar-se da *representação* que o outro possui.

Por meio dos *exames categoriais*, o *filósofo clínico* compreende o *partilhante* em seu contexto, no modo como lida com o que o constitui interna e externamente e, por fim, a questão central a ser trabalhada.

Embora sejam didaticamente apresentados de modo separado, os *exames categoriais* participam em toda a etapa da *clínica filosófica*. Além de contemplar o processo de colheita da *historicidade* do *partilhante*, eles continuam presentes na atualização das informações em cada nova sessão.

A compreensão da circunstância

Na *categoria circunstância*, o *filósofo clínico* busca compreender os elementos culturais, geográficos, políticos, familiares, sociais, religiosos e inúmeros outros referentes a esse âmbito contextual do *partilhante*. Essas informações são colhidas ao longo do relato da *historicidade* do *partilhante*. Elas ajudam o *terapeuta* a compreender os elementos que podem ter contribuído para formar a constituição da estrutura do *partilhante* e a relevância de determinados contextos para seu bem ou mal-estar subjetivo. O *partilhante* pode ter passado sua infância, adolescência, juventude e vida adulta em um mesmo ambiente contextual. Mas, há casos em que os contextos se modificaram radicalmente. A mudança de bairro, cidade, estado ou até de país pode ter demandado diversas readaptações. Algumas pessoas podem ter lidado bem com os novos horizontes. Outras, não se ambientaram nem com o ambiente de onde vieram. Isso pode levar a compreensões bastante distintas de quem cada indivíduo é e como age.

Mas, a noção do mundo como *representação* continua também na *circunstância*. Por isso, a objetividade possível do relato da *circunstância* surge mesclada com a percepção de mundo de quem a relata. O *filósofo clínico* não está preocupado com a precisão objetiva da *circunstância*, mas de como o *partilhante* a vivenciou. Pois o contexto sem aquele que o vivenciou, do modo como o experienciou, nada diz da experiência subjetiva daquele que procura a *clínica*. Mesmo em situações nas quais gêmeos podem ter vivido toda a *circunstância* idêntica, a experiência individual tenderá a ser distinta.

Embora possam surgir *partilhantes* tão voltados à abstração que o contexto apareça como dispensável, o *filósofo* deve cuidar para que o máximo de informação possível seja colhido a respeito da *circunstância*. As informações que o *terapeuta* puder acessar sobre seu *partilhante* viabilizarão uma *clínica* o mais precisa e segura possível.

O didatismo com o qual são apresentados os *exames categoriais* de maneira separada, como se constituíssem etapas isoladas, é aparente. A *circunstância* é compreendida como um processo em que as demais *categorias* estão sendo reconhecidas enquanto a história de vida do *partilhante* é contada. O *filósofo clínico* assimila o método a ponto de realizar os *exames* de maneira simultânea. Por isso, o método deve paulatinamente tornar-se a segunda natureza do *terapeuta*.

Conhecendo a *circunstância* de seu *partilhante*, o *filósofo clínico* compreende o que pode ou não influenciar o jeito de ser e agir dele. Alguns conflitos podem ser frutos de *circunstâncias* específicas, outros podem ter pouca ou nenhuma influência desses elementos. Por isso, é preciso conhecer as *circunstâncias* do que é apresentado pela pessoa. Mas ciente de que isso se faz por aproximação.

O *filósofo clínico* identifica as *circunstâncias* no decorrer da fala, no relato dos ambientes e da cultura daquele que procurou seus cuidados. Também o faz quando colhe informações sobre o que o *partilhante* compreendeu, interpretou, significou a respeito do ambiente que constituiu sua história.

A experiência do lugar

A *categoria lugar* utilizada na Filosofia Clínica é inspirada nas reflexões de autores como Maurice Merleau-

-Ponty. Trata-se de um aspecto a ser preenchido com informações relacionadas ao modo como a pessoa sente, se comporta, pensa e se vê em determinados lugares.

Merleau-Ponty trabalhou naquilo que chamou de a "fenomenologia da percepção", cuja ênfase se encontra na corporeidade. A *categoria lugar* é justamente a identificação desses elementos de corporeidade de cada pessoa. Algumas pessoas estão fisicamente presentes no consultório, mas sua espacialidade intelectiva, isto é, onde ela faz a experiência "mental", está o tempo todo no ambiente familiar, em algum recanto do passado, no local de trabalho, na mesa de estudos ou nos projetos futuros. Há até aqueles para os quais o corpo é quase completamente desconsiderado. Há também os que serão estritamente corpos, para a dor ou o prazer.

No decorrer da escuta da *historicidade* do *partilhante*, o *filósofo clínico* colhe os elementos que preencherão a *categoria circunstância* com duas finalidades. Nesse procedimento de *exames categoriais*, a *circunstância* e o *lugar* ajudam o terapeuta a compreender o contexto e entender como o *partilhante* se sente nesse âmbito. Portanto, *lugar* não é um "local", mas um "como" da relação com esse local.

A questão do *lugar* como sentir-se pode se referir a um sentimento, sensação ou emoção. Mas, esse *sentir* também considera outros aspectos. Engloba o que a pessoa sente, interpreta, imagina, conceitua, intui, valora etc. Em outras palavras, a *categoria lugar* indica como o indivíduo se localiza nos ambientes externos e internos por onde vivencia seus dias em cada contexto existencial de sua história de vida.

Assim, o *filósofo clínico* fica a par de como o *partilhante* vivenciou as diversas situações circunstanciais de sua vida. Se, por um lado, o *assunto imediato* surge como um incômodo que pode ter sido gerado pela *circunstância* atual, por outro, o *assunto último* pode vir justamente da compreensão de como as diversas *circunstâncias* ao longo da história afetaram essa pessoa.

Em suma, a *categoria lugar* ajuda o *filósofo clínico* a compreender aspectos – como corporais, sensoriais, reflexivos, abstratos etc. – envolvidos na localização existencial da pessoa. Ela ajuda também a saber se estar presente em determinado local faz alguma diferença na vida dela, se ela vive em puras abstrações etc. Há, por exemplo, pessoas que ferem o corpo para tirar sua atenção das dores da alma e vice-versa. Com esses dados em mãos, o *filósofo clínico* pode contribuir para levar a pessoa, se necessário, a ir ao lugar onde menos dói ou até identificar a natureza dessa dor a fim de ajudar a aliviá-la.

A vivência do tempo

A *categoria tempo* se refere ao modo como a pessoa lida com o tempo ou vive a temporalidade. A Filosofia Clínica considera ou distingue basicamente duas noções de *tempo*: o objetivo e o subjetivo. O primeiro é o ditado pelo relógio, é o convencionado, marcado pelas sucessões dos dias nos calendários, nos ciclos das estações do ano, pelas festividades e feriados. O segundo é interno, aquele expresso pela pessoa que diz que o ano passou rápido ou devagar de acordo com o modo como lidou com o acompanhamento do tempo. Mas, o *tempo* abrange outras questões.

Outras referências ao tempo surgem no modo de expressão das pessoas. Os tempos verbais costumam ajudar. Há quem mencione, no presente, algo que viveu há dez anos, o que pode sugerir que o sujeito ainda viva naquele momento de sua vida. Encontraremos os que contam os acontecimentos no futuro do pretérito, como se as coisas ocorressem como hipóteses ensaiadas mentalmente. Veremos também quem mencione o futuro como quem vive pelas buscas, metas e planejamentos. São aspectos que mostram onde o indivíduo está intelectivamente quando fala sobre sua vida.

Mas, outros âmbitos ainda podem ser reconhecidos nessa categoria. Há, por exemplo, quem se expresse utilizando a voz passiva, como se ela se visse como alguém que não participa ativamente de sua própria história. Pode haver ainda quem relate tudo na terceira pessoa, como se sequer estivesse presente na construção de sua vida. Nesses casos, já não é uma questão estritamente temporal, mas de postura ante esses momentos. Todos englobados na *categoria tempo*.

A confirmação de cada uma dessas e de outras incontáveis possibilidades ocorre ao longo das sessões. Conforme é constatado até aqui, não se pode afirmar nada a não ser por exemplificação hipotética de possibilidades. A prática *clínica* surpreende até o mais versado em elencar hipóteses. O que vai ditar qual é o caso que se está acompanhando é o próprio *partilhante*.

Embora o *tempo* objetivo seja um parâmetro convencionado e, por isso, sirva de base para as decisões e planejamentos na sociedade, não significa que todo indivíduo tenha o mesmo tipo de relação com ele. É por isso que o *filósofo* deve considerar o *tempo* subjetivo. O *tempo* segundo cada pessoa é aquele que leva alguém a dizer que passou rápido ou devagar a partir de parâmetros subjetivos.

O relógio continua a marcar as mesmas horas, minutos e segundos. Porém, a impressão de cada sujeito pode variar continuamente. E as variáveis desse tipo de possibilidades são tantas quantas são as pessoas. Os tempos e modos verbais são levados em conta nos *exames categoriais*. Portanto, a *categoria tempo* revela o que o simples olhar para o calendário não é capaz de revelar. Na colheita da *historicidade*, os referenciais e o tempo cronológico e/ou os acontecimentos marcantes ajudam tanto o *filósofo* quanto o *partilhante* a se localizarem. Mas, o significado dessa vivência é que viabilizará o trabalho terapêutico.

A questão das relações

A *categoria relação* se refere à *interseção* estabelecida entre o *partilhante* e tudo o mais que se encontra ao seu redor. Nesse processo, inicialmente, o *partilhante* é o sujeito em relação com as coisas e pessoas que o circundam.

A noção de *interseção* é inspirada nas ideias do matemático George Cantor e vem representada por dois grandes círculos com um pequeno entrelaçamento, ponto de mescla ou contato entre eles. Essa simbologia sugere os limites de alcance entre as partes. Em outras palavras, na *relação*, por exemplo, entre *partilhante* e *filósofo clínico*, cada pessoa leva um pouco de si e ambas as partes não têm acesso ao todo do outro com o qual se relaciona.

No caso de duas (ou mais) pessoas, a história de vida e a estrutura interna de cada parte não aparecem por inteiro na *relação*. A percepção de ambos acerca do outro é delimitada pelo alcance possível estabelecido na *interseção*. Isso ocorre na *relação* entre *filósofo clínico* e *partilhante* e entre *partilhante* e as pessoas que fazem ou fizeram parte de sua história.

No caso da *terapia*, cada acompanhamento será único. Pois a fidelidade ao método não garante que os pontos de *interseção* de cada *relação* serão os mesmos. Na verdade, diante da *singularidade*, cada *interseção* será única. Todavia, o que aparecer determinante para um *terapeuta*, possivelmente terá muitos pontos em comum com os identificados por outro.

Há diferenças devido à *interseção*, mas não são absolutas. No caso da *relação* com os acontecimentos e as coisas, os elementos de si colocados nessa *interseção* são determinantes no modo como se dará a vivência desses elementos. Ou seja, não nos relacionamos com as coisas de modo objetivo ou neutro. Pois, em toda a *relação*, inclusive com as pessoas, a qualidade da *interseção* e o sentido dos acontecimentos e das coisas passam pelo filtro de nossa *singularidade*.

A qualidade da interseção na clínica

A *clínica filosófica* é um trabalho de *construção compartilhada*. Em outras palavras, a Filosofia Clínica é uma atividade que requer um grau de *interseção* com, no mínimo, duas pessoas. Por isso, o *filósofo clínico* tem como uma de suas tarefas iniciais a qualificação da *interseção*. Para isso, devemos considerar que há quatro tipos de *interseção*: *positiva*, *negativa*, *indeterminada* e *mista*.

A *interseção positiva* ocorre quando ela é subjetivamente boa para ambas as partes. Ou seja, quando há um bem-estar em cada um dos envolvidos. Deve-se levar em conta que não se define previamente o que seja bem-estar tanto para o *partilhante* quanto para o *filósofo clínico*. Ambos, muito provavelmente, não estarão da mesma forma e, ainda assim, isso pode significar bem-estar para cada um deles. Nesse aspecto, bem como nos demais, o que conta é a *singularidade*.

A *interseção negativa* é quando há um mal-estar para uma das partes ou para ambos, ou seja, é subjetivamente ruim. Isso não necessariamente significa que não haverá condições para a *clínica* ser realizada. Pode ser que o *filósofo clínico* justamente só se veja em condições de trabalhar em um estado fora do que consideraria sua zona de conforto e o mesmo pode ocorrer com o *partilhante*. Nesse caso, a *interseção negativa* é algo que propiciará a *clínica*. Não é assim para todos. Por isso, após estabelecer a *interseção* é necessário constatar se há condições de haver o trabalho terapêutico.

A *interseção indeterminada* ocorre quando as pessoas envolvidas não são capazes de determinar o que estão vivendo. Não há uma percepção clara de que há algo positivo, negativo ou sequer se há uma oscilação entre ambos. Do mesmo modo como a *interseção negativa* não é necessariamente condição para que não haja a *clínica*, a indeterminação não significa que a *clínica* não ocorrerá. Mais uma vez o que conta é a *singularidade* de cada um dos envolvidos e da *interseção*.

A *interseção mista* é caracterizada como aquela que oscila com frequência suficiente a ponto de não ser compreendida como nenhuma das anteriores. Para alguns a oscilação não viabilizará a *clínica*, para outros, será a condição mais do que necessária para que ela ocorra. Novamente, a questão é singular. No caso da *interseção* entre *filósofo clínico* e *partilhante*, essas questões dependem do contexto e da individualidade de cada um dos envolvidos.

Embora seja possível reconhecer um desses quatro tipos de *interseção* no consultório ou na história de vida do *partilhante*, não significa que, uma vez estabelecida, ela não possa mudar. A plasticidade das pessoas envolvidas em uma *interseção* pode levá-la a modificações constantes de acordo com as situações ou a caminhada existencial de cada um dos indivíduos.

O *filósofo clínico* busca qualificar a *interseção* para dar o melhor andamento possível à *terapia*. A *interseção* é observada no caso do *partilhante* com o *filósofo clínico* e com todas as demais pessoas de seu convívio. Mas é também compreendida na relação entre as *categorias*, entre os *tópicos* da *estrutura de pensamento* do próprio *partilhante*, em relação à *estrutura de pensamento* de outras pessoas e, por fim, nos *submodos*.

A *construção compartilhada* é o processo que se dá pela *interseção* entre o *filósofo clínico* e o *partilhante*, mas pode ser dado em qualquer *interseção* entre *estruturas de pensamento*. É o resultado obtido quando os *tópicos* envolvidos em ambas as *estruturas* viabilizaram uma *autogenia*, uma mudança. E está presente em todo o processo terapêutico da *clínica filosófica*.

A montagem da *estrutura de pensamento*

"O contexto histórico da pessoa revela os traços determinantes de sua constituição." Em outras palavras, no decorrer da colheita da *historicidade* e a realização atenta dos *exames categoriais*, o *filósofo clínico* paulatinamente encontra os elementos na *estrutura de pensamento* que predominam no *partilhante*, determinantes na compreensão de quem é ou está sendo e como age. O que é uma *estrutura de pensamento*?

As pesquisas de Lúcio Packter feitas a partir do diálogo da *historicidade* dos *partilhantes* com a leitura dos filósofos o levou a perceber que há termos que remetem para dezenas de elementos constituintes da pessoa. Essa diversidade de possibilidades de ser foi denominada de *tópicos* – em grego, lugar – e as dezenas foram resumidas em trinta. Trata-se de aspectos formais que serão preenchidos pelo conteúdo apresentado no relato dos *partilhantes*.

Os *tópicos* expressam de uma forma geral os conteúdos internos do pensamento em suas diversas formas: os valores, as perspectivas culturais e metafísicas, emoções e sensações, juízos éticos, princípios existenciais, o que é importante ou não é importante para a pessoa, algumas crenças gerais ou mais específicas (sobre qualquer coisa), mudanças e projetos de vida, afetos e desafetos.

Para exemplificar, vamos ao primeiro *tópico* que é *como o mundo parece*. Na medida em que ouvia as pessoas, Lúcio percebeu que algumas apresentavam uma visão de mundo que determinava o modo de agir delas. Lendo autores como Protágoras e Schopenhauer, que mostram que fazemos uma representação de mundo, e outros como Marx e Hobbes, que apresentavam suas próprias versões do mundo, ele começou a categorizar os relatos nesse *tópico*. A continuidade das pesquisas levou Lúcio a excluir os filósofos dos *tópicos*, uma vez que a visão de cada um deles destacava um aspecto e a proposta era englobar uma gama maior de possibilidades. Com isso, Packter percebeu que para alguns *partilhantes* o modo como veem o mundo determina seus modos de ser e viver.

Então, quando uma pessoa diz que o Rio de Janeiro anda violento ultimamente, que seu bairro é um local de fofoqueiros, que a sociedade é injusta com aqueles que perseguem seus sonhos etc., está relatando sua visão de mundo. Isso pode impedir uma ação, pode levar a pessoa a decisões equivocadas, deixar alguém constrangido, manter um desânimo, conduzir a um medo, enfim, as possibilidades são incontáveis.

Os trinta *tópicos* são, portanto, balizas para orientar o *terapeuta* no processo de compreensão dos *partilhantes*. Embora sejam didaticamente separados, dificilmente cada um dos *tópicos* será considerado isoladamente. Mas os traços indicarão a predominância de alguns deles. Podem ser dois, três ou quatro. Tais *tópicos* podem ter uma *interseção* conflituosa ou harmoniosa entre tantas outras possibilidades. Isso pode ocorrer de modo intratópico, isto é, em elementos conflitantes dentro de um mesmo *tópico*, ou entre dois ou mais *tópicos*.

Uma pessoa pode, por exemplo, ter tido a oportunidade que sempre sonhou de ingressar em uma grande empresa, mas se perceber em crise porque essa oportunidade é no centro do Rio de Janeiro. Ou seja, ela tem como *busca* – *tópico 11* – o sonho de uma ascensão profissional e, como os *tópicos 1* e *5* – *como o mundo parece* e *pré-juízo* –, a convicção de que o Rio de Janeiro é um lugar perigoso. O que fazer? Convencê-lo de que a cidade não é tão perigosa quanto parece? Fazê-lo perceber que seu sonho não é tão importante? Pedir que vá com medo?

O *filósofo clínico* só fará alguma intervenção depois que conhecer minuciosamente o que está implicado na *estrutura* de seu *partilhante*. Caso contrário, pode fazer um estrago que não terá condições de resolver depois. Portanto, o cuidado, a atenção, a escuta e a ética são fundamentais no processo da *clínica filosófica*.

Por fim, é importante ressaltar que a *estrutura de pensamento* não diz necessariamente quem o *partilhante* é, mas quem ele está sendo em determinado período de sua existência. Quando dizemos que compreendemos quem a pessoa é ao identificar sua *estrutura de pensamento*, não afirmamos uma identificação rígida. Consideramos a plasticidade, isto é, a possibilidade de modificação dos *tópicos* e suas relações ao longo da vida do indivíduo.

Os tópicos da *estrutura de pensamento*

Esses são os *tópicos* e alguns dos filósofos que Lúcio Packter estudou para formulá-los.

Tópico 1 – **Como o mundo parece** (Protágoras, Schopenhauer)

Tópico 2 – **O que acha de si mesmo** (Platão, Descartes, Marcel, Protágoras)

Tópico 3 – **Sensorial & abstrato** (Russell, Hume, Locke, Descartes)

Tópico 4 – **Emoções** (Erasmo de Roterdã, Pascal, Bergson, Aristóteles, Sartre)

Tópico 5 – **Pré-juízo** (Gadamer, Popper, Kuhn)

Tópico 6 – **Termos agendados no intelecto** (Wittgenstein, Carnap)

Tópico 7 – **Termos: universal, particular, singular** (Aristóteles, Wittgenstein, Locke, Hume, Berkeley)

Tópico 8 – **Termos: unívoco & equívoco** (Searle)

Tópico 9 – **Discurso: completo & incompleto** (Aristóteles, Wittgenstein)

Tópico 10 – **Estruturação de raciocínio** (Aristóteles, Kant, Foucault, Derrida, Hume, Locke, Russell)

Tópico 11 – **Busca** (Nietzsche, Merleau-Ponty, Schopenhauer)

Tópico 12 – **Paixões dominantes** (Spinoza)

Tópico 13 – **Comportamento & função** (Berkeley)

Tópico 14 – **Espacialidade: inversão, recíproca de inversão, deslocamento curto, deslocamento longo** (Buber, Sartre, Aristóteles, Kant)

Tópico 15 – **Semiose** (Pierce, Morris, Saussure, Locke)

Tópico 16 – **Significado** (Barthes, Foucault, Ricoeur, Chomsky)

Tópico 17 – **Armadilha conceitual** (Russell, Marcuse, Santayana, Benjamin, Foucault)

Tópico 18 – **Axiologia** (Spinoza, Scheler, Nietzsche)

Tópico 19 – **Tópico de singularidade existencial** (Experiências paranormais, alucinações, visões cósmicas, religiosas etc. que não se enquadram nos demais *tópicos*)

Tópico 20 – **Epistemologia** (Descartes, Kant, Merleau-Ponty)

Tópico 21 – **Expressividade** (Lévinas, Buber, Sartre, Searle, Marcel)

Tópico 22 – **Papel existencial** (Heidegger)

Tópico 23 – **Ação** (Apel, Ryle, Habermas, Bacon, Aristóteles)

Tópico 24 – **Hipótese** (Apel, Ryle, Habermas, Bacon)

Tópico 25 – **Experimentação** (Apel, Ryle, Habermas, Bacon)

Tópico 26 – **Princípios de verdade** (Emerson, Lévinas, Kuhn)

Tópico 27 – **Análise da estrutura** (Cantor, Kant, Russell, Kuhn)

Tópico 28 – **Interseções de estruturas de pensamento** (Cantor, Buber, Lévinas)

Tópico 29 – **Dados da matemática simbólica** (Cantor, Kant, Russell)

Tópico 30 – **Autogenia** (Cantor, Kant, Russell)

Como vemos o mundo

Enquanto o *partilhante* descreve sua história de vida, o *filósofo clínico* identifica, por meio dos *exames categoriais*, uma série de elementos desse relato que localiza existencialmente essa pessoa. A *categoria circunstância*, por exemplo, que serve para identificar tudo o que na *historicidade* se refere ao contexto desse indivíduo revela, sobretudo, o modo como ele compreende o mundo onde vive. A essa concepção de seu próprio contexto a Filosofia Clínica dá o nome de *como o mundo parece*.

O primeiro *tópico* da *estrutura de pensamento* se refere a como o sujeito representa o mundo, como é para ele. Não é uma questão de avaliar se condiz ou não com o que se poderia referir como "realidade". O *filósofo clínico* está interessado em saber como o mundo é para aquele que o procura. Pois a *representação de mundo* dele poderá estar implicada em quem ele é e em seu modo de agir.

Uma pessoa pode relatar sua visão de mundo e isso não ser determinante em seu modo de viver. Mas, no caso daqueles para os quais o *tópico 1* é determinante, o terapeuta deverá ficar atento a esse aspecto ao realizar posteriormente os *procedimentos clínicos*.

Os aspectos que são compreendidos em *como o mundo parece* dizem respeito à visão de mundo. Alguns exemplos são: "O mundo lá fora está tomado pelo pecado", "Ninguém ajuda ninguém, é todo mundo pensando só em si", "Se os marcianos viessem à Terra, voltariam correndo ao perceber que o planeta não vale a pena", "Eu acredito que o mundo seja melhor do que se diz por aí", "A natureza é repleta de beleza, basta aguçar o olhar", "O Brasil é um país de generosidade e malandragem", "Somos o país do carnaval, tudo acaba em festa". As possibilidades de *representação de mundo* são tão diversas quantas são as pessoas que as possuem.

Não há certo nem errado nessas afirmações. Para o *filósofo clínico*, isso é assim para a pessoa. O motivo de ver o mundo de modo pejorativo ou positivo pode ter sido um recurso para viabilizar uma vida melhor. Nem toda visão pessimista revela alguém que deva mudar seu ponto de vista. Pode ser que uma crítica ao mundo seja o impulso necessário para se levar uma vida com um propósito e mudar para uma perspectiva otimista significaria a falta de razão para levantar todos os dias da cama.

Por esses motivos, o *filósofo* deve manter-se atento em toda a história de vida e a compreensão da *estrutura de pensamento* do *partilhante*. Deve cuidar para somente intervir onde possa viabilizar um bem-estar subjetivo para ele. Qualquer *procedimento clínico* que não tiver base nos *exames categoriais* bem-feitos e em uma *estrutura de pensamento* responsável e suficientemente montada, pode ser prejudicial a quem procurou os cuidados do *terapeuta*. Essa é a razão da cautela em todas as etapas da *terapia*.

Como cada filósofo, ao mostrar sua *representação de mundo*, se ateve ao seu modo – ainda que tenha universalizado – e não abrangeu ou deixou aberto outras possibilidades, tiveram seus nomes retirados dos *tópicos*. Pois, por mais abrangente que um filósofo tenha sido, o *tópico* abarca mais possibilidades. Não só as possibilidades do próprio *tópico* como a abertura à conversação com os demais que constituem a lista proposta pela Filosofia Clínica ao apresentar uma *estrutura de pensamento*.

A percepção de nós mesmos

O segundo *tópico* da *estrutura de pensamento* é chamado de *o que acha de si mesmo*. Refere-se ao que pensamos a respeito de nós mesmos, como nos vemos, nos interpretamos, achamos que somos. Embora o termo "achar" se refira a uma opinião – do grego *doxa* – não quer dizer que não haja uma relevância fundamental na vida de algumas pessoas ou que trate de um aspecto raso de cunho pejorativo.

O termo "achar" é importante na Filosofia Clínica. Nem todos conhecem o mundo e a si mesmos por elaborações epistemológicas, investigativas ou racionais. Há uma gama de possibilidades de construção da visão acerca de si. Inclusive, há casos em que o segundo *tópico* seja construído a partir de parâmetros epistêmicos e, mesmo assim, continuaremos a chamar de *o que acha de si mesmo*. Um *tópico* pode abranger até sua nomenclatura. Além disso, a Filosofia Clínica é construída sobre o pressuposto da limitação. Conhecemos o mundo, as pessoas e a nós mesmos por aproximação e a opinião pode preencher lacunas que não encontraram em outros meios um modo de ser completado.

Um *partilhante* pode chegar ao consultório e relatar a certeza de que é incapaz de participar de uma competição esportiva de artes marciais. Ao longo do relato da *historicidade* dessa pessoa, o *terapeuta* tem a possibilidade de ver que ela pensa o mundo como um lugar que não aceita perdedores e, por um raciocínio de autodefesa, prefere considerar-se incapaz a ter que enfrentar, sob o risco de ser derrotado, e isso acarretar problemas em sua vida. Nesse caso, o *tópico 2 – o que acha de si mesmo* – ficou subordinado ao *tópico 1 – como o mundo parece*. O andamento da colheita da *historicidade*, a aplicação dos *exames categoriais* e a constatação de quais *tópicos* além desses estão envolvidos, darão ao *terapeuta* meios para lidar com esses conflitos *tópicos*, o ensinarão os meios mais adequados de agir, quais *tópicos* podem ser enfraquecidos, fortalecidos, equilibrados etc.

Não há fórmulas definitivas para lidar com os conflitos *tópicos*. Os mesmos *tópicos* envolvidos em duas pessoas não significam que a solução será a mesma para ambos. A *estrutura de pensamento* é uma baliza, uma forma cujo conteúdo é a história de vida. Ela serve para orientar o *filósofo* no reconhecimento dos conflitos internos, isto é, o *assunto último*, de cada *partilhante*. Mas, os caminhos possíveis para cada questão a ser trabalhada estão no reconhecimento do próprio indivíduo acompanhado.

O *filósofo clínico* deve cuidar para não confundir o *assunto imediato* com o *assunto último*. Há casos em que coincidirão. Nas demais situações, o *assunto último* será justamente o reconhecimento do tipo de *interseção* entre os *tópicos* determinantes envolvidos. Os *procedimentos clínicos* ocorrem a partir do trabalho a ser feito nesses *tópicos*. Sem manuais à mão, o *terapeuta* tem o método e a *historicidade*. Com os cuidados necessários, as chances de êxito são robustas. O *filósofo clínico* que seguir as etapas do método poderá encontrar os caminhos necessários para conduzir sua *clínica* e ajudar o *partilhante* a alcançar seu bem-estar subjetivo.

Entre o sensorial e o abstrato

O terceiro *tópico* da *estrutura de pensamento* é fruto de uma constatação de que há pessoas predominantemente voltadas aos sentidos enquanto outras vivem mais pelos pensamentos, ideias e imaginações. Trata-se do *tópico* chamado de *sensorial e abstrato* que é pensado a partir da leitura de autores como Descartes, Locke e Hume.

O primeiro deles, René Descartes, é considerado racionalista e trabalhou, por exemplo, em um método que colocava em dúvida todas as certezas advindas dos sentidos, chegando à única certeza indubitável que consistia em ver-se como um "eu pensante" e, se pensa, logo existe (*cogito ergo sum*). Somente com base nessa certeza é que poderia construir o conhecimento. John Locke, por sua vez, retoma uma tese aristotélica segundo a qual nosso conhecimento está diretamente ligado aos sentidos. Portanto, somos uma tábula rasa na qual são impressas as informações pelos dados sensoriais, a partir dos quais as abstrações constroem o conhecimento. Por fim, David Hume radicaliza as proposições de Locke e questiona até mesmo as noções de causa e efeito oriundas dos sentidos. Por isso, seu empirismo foi considerado cético.

A questão não é encontrar quem está certo ou errado. Mas perceber que esses três filósofos – muito resumidamente apresentados – e tantos outros apresentaram aspectos do ser humano. Provavelmente, tudo o que defenderam era assim para cada um deles. Foram construídos em suas experiências de vida. O erro, se é que podemos falar em certo ou errado, foi pensarem que para todos funcionaria do mesmo modo. Em maior ou menor intensidade algumas pessoas são cartesianas, lockeanas e humeanas. Mas há muitos outros que não apresentarão nenhum traço racionalista, empirista ou ceticista.

É por isso que para a Filosofia Clínica não há um pressuposto aplicado a todos. Os trinta *tópicos* da *estrutura de pensamento* são possibilidades que combinadas podem gerar uma infinidade de variáveis. E, mesmo assim, a leitura da *estrutura de pensamento* será de caráter aproximativo. No entanto, ao seguir parâmetros como o *dado padrão*, o *dado atualizado* e o *dado literal* na continuidade da clínica e baseado em sua *historicidade*, o *filósofo* possui dados que permitem prever, sob muitos aspectos, as propensões, as buscas possíveis, as hipóteses de seu *partilhante*. Dito isso, como compreender quando uma pessoa é *sensorial* e quando é *abstrata*?

Um exemplo de relato de alguém mais *sensorial*: "É tão bom chegar em casa, tirar os sapatos deixando os pés sem o aperto e sentir o chão gelado. Abrir a geladeira, pegar um suco da fruta bem doce e sentir aquele sabor. Depois, ir tomar um banho de meia hora, deixando aquela água quente escorrer pelo corpo. É uma sensação maravilhosa". Agora, um exemplo da fala de uma pessoa com o *tópico abstrato*: "Eu gosto de filosofia. Refletir sobre o mundo e as pessoas, pensar nas conclusões de grandes pensadores como Platão e Aristóteles é fantástico. Eu deito na rede com meus livros e viajo nas ideias. Vou longe debatendo com os autores sobre o Ser, a Virtude, a Razão, Deus. São assuntos fascinantes". Os relatos nem sempre virão tão diretos como os apresentados acima. Muitas vezes, termos que nos fazem pensar nos sentidos são, na verdade, criados e vividos de formas puramente abstratas e vice-versa. O caminho para essa constatação é a aplicação dos *exames categoriais* e a compreensão da *estrutura de pensamento* a partir da *historicidade*.

A vigência das emoções

O quarto *tópico* da *estrutura de pensamento* é relacionado às *emoções*. Trata-se de sentimentos ou estados afetivos como amor, ódio, medo, alegria, prazer, dor, bem-estar, mal--estar, desejo, esperança, saudade, fúria, entre muitos outros em relação a si, aos outros, às coisas e aos acontecimentos. Portanto, podem ser identificados nos *exames categoriais*, especialmente nas *categorias lugar, relação* e *circunstância*.

Os filósofos que inspiraram essa formulação tópica foram Erasmo de Roterdã, Blaise Pascal e Henri Bergson. São pensadores que colocam em xeque os ditames rígidos da lógica racional abrindo outros horizontes para a reflexão como a loucura, o sentimento e a intuição respectivamente. Para a Filosofia Clínica, as *emoções* podem determinar, em maior ou menor grau, o que algumas pessoas são e como agem. Mas, é importante considerar a *interseção* dos *tópicos* entre eles e consigo mesmos. Um *tópico* sozinho pode não significar nada e ser relevante em contato com os demais.

Há pessoas que têm as *emoções* como determinantes em seu modo de ser e agir e pessoas para as quais esse *tópico* é irrelevante – embora o tenha – ou nulo. Por exemplo, alguém que gosta de estar sempre amando (*emoções*) porque acha que sozinho ele seria infeliz (*o que acha de si mesmo*) pode evitar romper um relacionamento ou estará sempre se relacionando. Caso contrário, corre o risco de ficar só e triste (*emoções*). Ou ainda, um sujeito pode deixar de sair de casa porque o medo (*emoções*) produzido por se achar incapaz (*o que acha de si mesmo*) de enfrentar as dificuldades da vida (*como o mundo parece*).

Essas percepções a respeito de si e seus respectivos medos podem ter vindo de construções ideais (*abstrato*) sem nenhuma conformação com a experiência do indivíduo. Os conflitos *tópicos* podem estar no próprio *tópico* em relação a si e em relação aos outros. Não há como saber sem uma profunda análise da *historicidade*. Mas, como identificar as *emoções* em um *partilhante*?

Um exemplo de pessoa com o *tópico emoções* aparentemente determinante: "Eu amo meus filhos. Aliás, amo toda minha família. Mas, também tenho compaixão quando vejo um mendigo na rua. É triste ver pessoas abandonadas à própria sorte. Gosto de ajudar quando posso. Às vezes, fico com raiva quando sou julgada por isso. Que gente sem noção! Como não conseguem se compadecer de quem sofre!?"

Veja que nessa fala as palavras "amor", "compaixão", "tristeza", "gostar" e "raiva" indicam *emoções*. Elas foram apresentadas como aparentemente determinantes. Isto porque nem sempre um conceito, uma ideia, se refere ao que pensamos ser. O sentido das palavras pode ser diverso e estar mais vinculado a construções abstratas do que se referir a um sentimento de fato. Mas, com uma escuta apurada e a realização adequada dos *exames categoriais* essas dúvidas esvaecem.

Por fim, devemos ter em mente que o importante é encontrar os *tópicos* determinantes. Pois, ao longo do discurso haverá indícios de quase todos os *tópicos*. Os critérios para perceber o que nesse turbilhão de possibilidades é determinante é a observação da evolução do *assunto imediato*; do *dado padrão*, isto é, o que aparece recorrentemente; do *dado atualizado*, ou seja, o que vem ocorrendo nas semanas antes e depois das sessões e de como a pessoa significa ou revê os eventos de sua *historicidade*; e o *dado literal*, que é a atenção à literalidade do que é apresentado pelo *partilhante*. Todos colhidos diretamente do relato do próprio *partilhante*.

As verdades subjetivas

Os *pré-juízos* constituem o quinto *tópico* da extensa possibilidade de predomínio estrutural de cada pessoa. Trata-se de verdades subjetivas que cada um de nós carrega e que nos antecede em cada antiga e nova experiência.

Alguém pode apresentar seus *pré-juízos* como no seguinte exemplo: "Para mim, quem faz terapia é louco. Psicólogo, psicanalista e psiquiatra são todos especializados em lidar com gente doida. Eu não preciso desses profissionais. Não tenho esses tipos de problemas. Sou normal". Neste caso, há uma mescla de *pré-juízos* com *o que acha de si mesmo*. Aliás, a distinção isolada dos *tópicos* é didática. Em alguns casos, o determinante pode aparecer de modo claro, em outros, mesclado com outros periféricos. Em ambos os casos, a relação tópica é vista em um todo estrutural.

Os *pré-juízos* foram pensados a partir de autores como Hans-Georg Gadamer e de Karl Popper. O primeiro propõe, em sua hermenêutica, que o contato com o texto não é neutro e que temos uma série de pressupostos que antecedem e orientam nossa interpretação textual – o mesmo ocorre nos diálogos interpessoais. No caso de Popper, o mesmo se dá em relação à investigação científica. Esses dois filósofos nos mostram que, enquanto sujeitos, não vamos ao objeto de nossa investigação de modo neutro.

Portanto, há uma série de pressupostos, isto é, *pré-juízos*, que determinam os limites e alcances de nosso contato com o mundo. No caso do *filósofo clínico*, que também tem seus *pré-juízos*, uma das orientações é buscar justamente fazer uma *suspensão de juízo* – inspirado no método fenomenológico husserliano – ao ter contato com o *partilhante*.

É claro que não é possível um rompimento absoluto dos *pré-juízos*. Mas, é possível exercitar a *suspensão de juízo* para não deixar que eles afetem a escuta do *partilhante*. Por isso, o exercício do *filósofo clínico* consiste em somente constatar o encontro ou não de um *tópico* na fala do *partilhante* se elas se encontrarem na literalidade das palavras – ou em outros modos de expressão – do próprio *partilhante*. Caso contrário, podemos cair em conjecturas, fruto de nossos *pré-juízos*. Assim, como qualquer *tópico*, os *pré-juízos* podem ou não ser determinantes para o indivíduo.

Uma mulher pode ter como *pré-juízo* a certeza de que todos os homens traem e, por isso, constatar que não vale a pena se relacionar com eles para não correr o risco de sofrer. Porém, se as *emoções* forem mais determinantes do que os *pré-juízos*, uma nova paixão pode levá-la a dar uma chance ao novo namorado. Se ambos os *tópicos* forem equivalentes, provavelmente haverá um choque e o caminho para aliviá-lo dependerá da história de vida dessa *partilhante*. O critério de trabalho do *filósofo clínico* está no que pode trazer um bem-estar subjetivo para ela.

Em suma, não há resolução prévia. Isso pode depender da *construção compartilhada* entre *terapeuta* e *partilhante* a partir do conhecimento da *historicidade* e seus desdobramentos. O próprio método da Filosofia Clínica é um *pré-juízo*. Desse modo, pelo menos enquanto estiver exercendo seu trabalho como *terapeuta*, tal *pré-juízo*, ao lado de outros *tópicos* que veremos adiante, deve predominar, ainda que em ocasiões cotidianas não influenciem na visão de mundo do *terapeuta*. São verdades do indivíduo. Princípios internos que norteiam sua percepção acerca de si, das pessoas e dos ambientes.

O que está agendado em nós

Os *termos agendados no intelecto* se referem ao que ficaram em nós de acontecimentos, circunstâncias e vivências pelas quais passamos ao longo de nossa trajetória existencial. Em maior ou menor grau, alguns desses agendamentos influenciam de modo determinante nossa *estrutura de pensamento*. Mas, por que *termos*?

A Filosofia Clínica trabalha com a distinção entre *conceito* e *termo*. *Conceito* é uma ideia ou verbo mental. O *conceito* é uma derivação do que foi internalizado em nosso intelecto a partir das experiências. Em outras palavras, o *conceito* é uma derivação de uma experiência sensível e de pensamentos. É um sinal imaterial. O *termo* é justamente a expressão do *conceito*. Ele pode vir em forma de expressão preferencial do *partilhante* como danças, palavras escritas ou faladas, sons, pintura, música etc.

Portanto, os *termos agendados no intelecto* dizem respeito aos *termos* expressos pela pessoa a fim de encontrar o que se passa nela enquanto a expressa. Em casos nos quais o *filósofo* deve atuar, esses *termos* podem fazer referências a experiências desagradáveis, a ensinamentos prejudiciais, a situações cujas conclusões são perigosas etc.

Uma pessoa pode expressar um agendamento desses do seguinte modo: "Estou com o chuveiro com problemas. Parece que queimou. Eu fico com raiva porque não consigo resolver nada desse tipo de problema de casa. Quando eu morava com meu pai, ele resolvia tudo e não me deixava tocar em nada. Ele dizia que mulher não sabe fazer essas coisas. Acho que é por isso que fico meio presa quando vejo problemas no chuveiro, na parte elétrica ou hidráulica de casa". Neste caso, o agendamento veio das palavras do pai. Mas poderia vir até de uma experiência de sentir um choque quando tentava trocar o chuveiro.

Os *termos agendados no intelecto* surgem no decorrer da partilha. Os agendamentos determinantes logo tendem a aparecer com frequência. Neste caso, é aquilo que em Filosofia Clínica é denominado de *dado padrão*. Cabe ao *terapeuta* encontrar o melhor modo de trabalhar com os *termos* necessários. São termos, expressões e ideias internalizadas pela pessoa a partir da *interseção* com pessoas ou acontecimentos.

Os *termos agendados no intelecto* podem formar um *pré-juízo*, afetar *o que acha de si mesmo*, modificar *como o mundo parece* ou quaisquer outros *tópicos* isolados ou em conjunto. Por isso, nem sempre um *tópico* deve ser trabalhado isoladamente. No caso supracitado, não necessariamente combater de modo direto o agendamento do pai pode ser benéfico. O caminho pode ser o de fortalecer *o que acha de si mesmo* em vista de tornar a pessoa mais confiante para fazer os reparos da casa. Como sempre, o melhor caminho a ser trabalhado será encontrado na colheita da *historicidade*. É na análise da história de vida do *partilhante* e em sua *estrutura de pensamento* que encontramos o melhor procedimento clínico a ser realizado.

Os termos universais, particulares e singulares

O sétimo *tópico* da *estrutura de pensamento* se refere a três elementos identificáveis na fala do *partilhante*. Trata-se dos *termos: universal, particular ou singular*. O primeiro diz respeito a generalizações. É quando uma pessoa diz: "Ninguém me entende!" O seguinte é identificado quando a pessoa faz afirmações se referindo a alguns casos. Costuma aparecer em falas como: "Os funcionários do turno da manhã daquela padaria não atendem bem os clientes". Por fim, temos a especificação máxima que pode ser exemplificada na seguinte frase: "Eu gosto das aulas do José, meu professor de matemática".

Entre os *tópicos* da *estrutura de pensamento*, o sétimo talvez seja um dos que mais necessite de alguma relação com outro *tópico*. Pois uma afirmação *universal, particular* ou *singular* tem peso subjetivo quando relacionada a um ou mais *tópicos* determinantes. Ou seja, a analítica da linguagem inspirada em filósofos como Aristóteles e Wittgenstein tornaram a Filosofia Clínica uma *terapia* que exercita seus *filósofos* na percepção do que é expresso nas palavras de seus *partilhantes*.

Vamos a um exemplo. Suponhamos que um gaúcho tenha a convicção de que os cariocas são malandros e gostam de ter vantagens sobre os turistas. Nesse caso, "os cariocas" é um *termo universal* equivalente a "todos" e pode estar associado a *como o mundo parece* ou a um *pré-juízo*. Se estes *tópicos* forem determinantes, tal convicção pode dificultar a viagem que a esposa desse gaúcho tanto queria fazer ao Rio de Janeiro. A desconstrução de tal convicção dependerá de critérios oriundos da *historicidade* da pessoa. Sem a devida compreensão da *estrutura de pensamento*, há o risco de produzir um caos. Em tese, um dos caminhos para desfazer um *termo universal* e ir para o *particular* é ajudar o *partilhante* a perceber que alguns cariocas são malandros, pois ele não conheceu todos. A clínica também pode levá-lo ao *singular* quando, ao fazê-lo relembrar suas vivências, percebe que ele teve uma experiência ruim com um carioca e isso o levou a generalizar, equivocadamente, sua convicção.

Mas, antes é necessário compreender a função que tal percepção de mundo cumpre na *estrutura de pensamento* da pessoa e se é válido desconstruí-la. O mesmo vale para os demais termos. São termos que, em relação com outros *tópicos*, evidenciam uma maneira de ser da pessoa. Portanto, antes de desconstruir, eliminar ou ressignificar qualquer verdade subjetiva, devemos ficar atentos ao que levou a pessoa a construir aquelas certezas pessoais. Realizar procedimentos de desconstrução, enfraquecimento, fortalecimento ou algum outro de maneira inadvertida em um *tópico* pode levar a consequências sérias e prejudiciais para o *partilhante*.

As palavras ditas pelo *partilhante* utilizando os *termos universal, particular* ou *singular* são consideradas como expressões que trazem uma gama de experiências. As frases, as palavras, as expressões orais ou gestuais trazem uma história de vida nelas. Talvez em qualquer outro ambiente uma tentativa de questionamento ou desconstrução possa ser inocente e não ter maiores consequências. Mas, no ambiente do consultório, o *terapeuta* cuida dos *agendamentos* que promove na clínica ao trabalhar em mudanças nos *termos*.

Sobre compreensão e equivocidades

O oitavo *tópico* da *estrutura de pensamento* trata da análise dos *termos unívocos e equívocos* expressos pelos *partilhantes*. Conforme sabemos, na *clínica filosófica* os *termos* são *conceitos* expressos. Ou seja, o que habita a estrutura interna da pessoa é *conceito* até que seja expressa em palavras ou ações, que são os *termos*.

A constituição desse *tópico* é inspirada nas reflexões da escola da Analítica da Linguagem ou Filosofia Analítica iniciada por Gilbert Ryle, seguida por John Langshaw Austin e, por fim, John Roger Searle. Aliás, a constituição da Filosofia Clínica se deve muito à leitura que Packter faz das reflexões sobre a linguagem desde Aristóteles até os contemporâneos. No entanto, esses pensadores servem de inspiração e suas teses passam por uma modificação a fim de serem aplicadas à prática clínica.

Por isso, para compreender a *clínica filosófica* os autores lidos por Lúcio devem ser vistos como fontes de inspiração ou influência e, jamais, como meios diretos de explicação.

Nesse sentido, um dos recursos para o entendimento da formação e prática da Filosofia Clínica são as transcrições das primeiras aulas de Lúcio, chamadas de *Cadernos*, além dos primeiros escritos e aulas de Lúcio e dos primeiros *filósofos clínicos* formados por ele. Os *Cadernos* começaram a passar por revisões até que elas foram abandonadas. A sistematização de Packter não foi apresentada em um texto e, por isso, ficou sob a responsabilidade das gerações seguintes de *filósofos clínicos* apresentarem o conteúdo de modo didático.

Voltando ao tema, o sentido de um *termo* será compreendido como *unívoco* ou *equívoco* no uso. Desse modo, um abraço pode ser recebido como um gesto de amizade, intimidade, falsidade, formalidade etc. Pode ter uma intenção (*conceito*) unívoca e ser recebida equivocadamente. Por isso, ao ouvir um *termo* do *partilhante*, o *terapeuta* não pode recebê-lo compreendendo seu sentido a partir de seus próprios *pré-juízos*. É necessário ter atenção para o sentido que tais *termos* terão no decorrer do relato da *historicidade* do *partilhante*.

Um casal, por exemplo, pode ter uma noção de amor equívoca. Assim, a esposa pode conceber o carinho como um gesto de amor e, o marido, como um ato de fraqueza. Enquanto o esposo pode entender que não deixar faltar nada em casa é um gesto amoroso e a esposa ver nisso um ato de obrigação sem sentido de proximidade e, muito menos, de amor. São *termos* com sentido certo ou ambíguo expressos pela pessoa.

Outro filósofo que ajuda a compreender essa noção de sentido do *termo* é Ludwig Wittgenstein. Para o autor das *Investigações filosóficas*, o sentido das palavras se dá em "jogos de linguagem". Assim, o sentido das palavras é dado por regras, convenções e finalidades próprias em cada ambiente, circunstância ou uso em que é utilizado. Para a Filosofia Clínica, isso é aproveitado para compreender o sentido das palavras, expressões, gestos e ações utilizados no consultório e para entender como ela ocorre nas diversas *circunstâncias* e *relações* do *partilhante*.

Por fim, é importante notar que o *termo* aparentemente *unívoco* como "amor" pode sugerir ao *terapeuta* que se trata de um dado do *tópico emoções* quando, na verdade, não passa de uma força de expressão, uma palavra sem sentido sentimental para quem a está usando. Isso é esclarecido no decorrer das sessões quando no relato da *historicidade* o *partilhante* mostra casos em que o tal "amor" ocorre.

Os discursos completos e incompletos

O nono *tópico* da *estrutura de pensamento* é o *discurso*: *completo* e *incompleto*. Trata-se de mais um *tópico* pensado a partir da área da filosofia que trata da lógica e da linguagem. Entre os pensadores que se destacam na inspiração desse *tópico* estão Aristóteles e Wittgenstein.

A praticidade para a qual a Filosofia Clínica foi destinada exigiu de Lúcio uma atenção para obras que tratam da linguagem. Afinal, a *terapia* é predominantemente realizada por meio de uma troca de informações faladas. Por isso, ao ler Aristóteles, Packter não busca uma de suas obras magnas, a *Metafísica*, mas sim o *Órganon*, que traduzido do grego significa "instrumento", onde está um conjunto de livros intitulados das *Das categorias*, *Da interpretação*, *Analíticos anteriores*, *Analíticos posteriores*, *Tópicos* e *Refutações sofísticas*. São conteúdos considerados como instrumentos para o filosofar. Talvez seja por isso que se tornaram tão fundamentais como inspiração para a estruturação da Filosofia Clínica.

Outro aspecto a ser destacado é que as obras mais conhecidas de Aristóteles eram de natureza teórica, abstrata, e buscavam pensar os universais. A metafísica aristotélica é importantíssima para o pensamento ocidental até hoje. Porém, o interesse de Lúcio está nas dimensões práticas da filosofia, mais especificamente no consultório, onde as afirmações de cunho universal encontram seus limites.

Portanto, o *discurso* não é analisado sob o ponto de vista de análise filosófica, mas de compreensão do *partilhante*. Desse modo, a identificação do nono *tópico* requer a percepção de sutilezas e contextos dos relatos da pessoa. O *discurso completo*, em tese, é claro, tem começo, meio e fim. O *incompleto* carece de sentido, é fragmentado, não transmite toda a ideia do emissor. Porém, um e outro podem se inverter.

O *discurso* pode parecer *incompleto*, mas tomar sentido no contexto. Assim, uma pessoa que exclama "mô" pode soar como *incompleto*. Mas pode significar que esteja chamando seu cônjuge dentro de casa. Ao mesmo tempo, um *discurso* aparentemente *completo* pode ser, na verdade, *incompleto* para o emissor e soar *completo* para o receptor. Tudo vai depender da contextualização feita por meio dos *exames categoriais* e da identificação da *estrutura de pensamento*. O primeiro tem começo, meio e fim, e o segundo é descontínuo. Podemos identificar o *discurso completo* em falas como "Saí de casa, fui para a garagem e entrei no carro". E o *discurso incompleto* pode vir do seguinte modo: "Tomei meu café da manhã em casa nesta manhã e... No serviço, fiquei sujo de graxa". A completude ou não de um discurso necessita de um contexto para ser analisado. Tomado fora de contexto, isto é, sem os *exames categoriais*, o *filósofo clínico* pode ter uma perspectiva mais limitada de seu *partilhante*.

Mas, além do discurso falado, podemos estender o *tópico 9* para o modo de agir da pessoa. Há, por exemplo, pessoas que não completam seus cursos, deixam o trabalho próximo de receber uma promoção, terminam um relacionamento quando percebem que está se tornando sério e isso pode levar a um casamento etc. Se esse comportamento deve ser extinguido ou continuado, somente o acompanhamento de cada caso poderá dizer.

Um raciocínio estruturado e outro desestruturado

Entre os *tópicos* da *estrutura de pensamento*, o décimo é um que quase foge da proposta da Filosofia Clínica. Isto ocorre porque uma das finalidades do *raciocínio* é avaliá--lo segundo os critérios de *estruturação* e *desestruturação* para fins de exclusão de atendimento nos casos em que o segundo aspecto é apresentado.

Portanto, *raciocínio estruturado e desestruturado* foi pensado a partir de razões médicas e legais. Preocupado com as implicações legais do exercício da função para profissionais que não tivessem as atribuições no país para atender *partilhantes* que estivessem em situação de problemas ou "doenças psiquiátricas", Packter elencou esse *tópico*. Assim, fugindo da linguagem conceitual própria da Filosofia Clínica que é a da *singularidade*, o décimo *tópico* trata da *estruturação de raciocínio* segundo dois critérios: bem e mal.

Um raciocínio bem estruturado seria o que socialmente poderia se pensar por "normal". Um raciocínio mal estruturado ou desestruturado se refere aos casos em que a pessoa não pode responder legalmente por si – temporária ou permanentemente – e, em alguns casos, a ela é recomendada a internação em instituições psiquiátricas.

Um *raciocínio estruturado* poderia ser percebido na seguinte fala: "Eu almocei no restaurante e, depois, fui à sorveteria para comprar um picolé de sobremesa". Um exemplo de *raciocínio desestruturado* seria assim: "Eu não sei, na verdade, sei, é estranho, sabe quando dá fome e a dor nas costas aumenta?"

Nesse *tópico* não há unanimidade quanto a acompanhar um *partilhante* que poderia se encontrar internado em uma instituição psiquiátrica. Podemos destacar duas visões: a de Lúcio Packter e a de Hélio Strassburger. De antemão, deixamos claro que nos dois posicionamentos prevalece o respeito à pessoa internada ou em condições delicadas de estruturação.

Packter já relatou em uma de suas falas que, respeitando o *partilhante* que chegou a ponto de não ser socialmente responsável por suas ações, como um modo de lidar com suas condições de existência, não atenderia. Para Lúcio, tentar tirar uma pessoa desse estado pode levá-la a uma situação pior. Portanto, não atender pessoas nessa situação seria um ato de respeito à *singularidade* dessa pessoa.

Por outro lado, Strassburger propõe um trabalho com pacientes de hospitais psiquiátricos para uma finalidade distinta daquela de Lúcio. Para Hélio, a finalidade da Filosofia Clínica em hospitais psiquiátricos é viabilizar um bem--estar subjetivo dentro daquelas condições. Desse modo, poderia tornar a vida daquelas pessoas melhor diminuindo as crises – que em Filosofia Clínica chamamos de *esteticidade bruta* –, viabilizando procedimentos clínicos para contribuir com o bem-estar subjetivo da pessoa internada involuntariamente e seu processo de emancipação pessoal.

Mas, devemos destacar que há casos de pessoas que possuem predominantemente um *raciocínio estruturado* e, mesmo assim, podem apresentar um *raciocínio desestruturado* em algum momento. Pessoas para as quais o *raciocínio desestruturado* ocorreu em uma situação-limite para elas, e os procedimentos emergenciais puderam trazê-las de volta para o *raciocínio estruturado*.

O que buscamos

O décimo primeiro *tópico* chama-se *busca*. Por *busca* entenda-se o conteúdo relatado pelo *partilhante* que se refere a metas, a desejos, a esperanças, enfim, para onde ele se dirige ou intenta existencialmente chegar. A *busca* pode ser puramente conceitual, isto é, manter-se na *estrutura de pensamento* sem chegar a ser viabilizado – o que pode também ser reconhecido como outro *tópico*, a *paixão dominante*, que será trabalhado a seguir – ou pode chegar a termo, ou seja, ser realizado.

Quando a *busca* é determinante na *estrutura de pensamento*, ela pode encontrar um conflito que durante a *clínica* intenta encontrar caminhos viáveis. Por exemplo, a pessoa sonha em (*busca*) se tornar maratonista, mas ouviu de seu pai durante toda a vida (*termos agendados no intelecto*) que ficar correndo na rua (para treinar) é perda de tempo que poderia ser usado para trabalhar, porque deve ganhar dinheiro para não passar fome (*pré-juízo*).

A *busca* também pode ser um complemento para outro *tópico*. Nesse caso, alguém pode querer (*busca*) assistir a todas as palestras de autoajuda para seu desenvolvimento pessoal (*o que acha de si mesmo*). Também há quem sempre procure (*busca*) oportunidades em trabalhos sociais em sua cidade porque acha o mundo (*como o mundo parece*) um lugar desigual e seu trabalho pode torná-lo melhor.

Aliás, os *tópicos* não são vistos isoladamente. Há casos em que os relatos apresentarão um *tópico* de modo bastante nítido. Mas, em muitos outros haverá uma mescla de *tópicos* identificáveis. Nestes casos, o *filósofo clínico* exercitará sua escuta para encontrar o determinante entre indícios de muitos outros. Trata-se de orientações que são compreendidas de modo satisfatório a partir da prática dos exercícios em aula e nos atendimentos supervisionados por um *filósofo clínico* com experiência de consultório.

Além disso, o *filósofo clínico* tem nos *tópicos* um dos meios de seu método para compreender a pessoa. Porém, não há um parâmetro ou modelo ideal a ser alcançado. Desse modo, o *terapeuta* não poderá, por exemplo, dizer que há uma *busca* exagerada. É somente o reconhecimento da *estrutura de pensamento* da pessoa que dirá se cabe a ela algum tipo de mudança. Em outras palavras, a partir dos *exames categoriais*, da identificação ou montagem da *estrutura de pensamento* e do reconhecimento de como a pessoa já aplica seus *submodos* é que o *filósofo clínico* encontra o *assunto último*.

Assim, o *filósofo clínico* não faz diagnóstico. Seu saber não infere uma catalogação do *partilhante*. Aquele que procura o *filósofo clínico* não é enquadrado em depressão, ansiedade, déficit de atenção ou algo dessa natureza. Uma vez que a pessoa é vista em sua *singularidade*, quem informa ao *terapeuta* sobre o que deve ser feito é ela mesma. Isso ocorre pelo trabalho terapêutico de escuta da história de vida, dos *dados padrões*, dos *dados atualizados* e dos *dados literais*.

As paixões dominantes

O décimo segundo *tópico* da *estrutura de pensamento* é denominado *paixão dominante* e diz respeito a algo que povoa regularmente ou constantemente a imaginação, os conceitos, os pensamentos da pessoa, bem como suas atitudes e comportamentos. Ela tem a ver com o *dado padrão* ou algo que prossegue, que tem continuidade no discurso existencial. Por isso, ela é identificada pela frequência e não pela intensidade.

Em geral, paixão é uma palavra que carrega muitos significados. Ela pode se referir a um sentimento intenso capaz de modificar, por exemplo, um comportamento ou um pensamento. Também pode se referir ao ódio, ao amor, ou ao desejo. Ainda tem um sentido de atração intensa que pode ser sexual ou pela posse de um bem material. Outro sentido para essa palavra está relacionado ao excesso de entusiasmo ou ênfase, como quando alguém diz algo apaixonadamente. Há ainda a expressão de um gosto intenso por algo. Podemos ainda encontrar um sentido bastante difundido no Ocidente, devido ao cristianismo, que relata os tormentos sofridos por Jesus Cristo antes de sua morte na cruz.

Portanto, quando se pensa em *paixão* é inevitável pensar enfaticamente em algo no campo dos sentimentos ou do sofrimento extremo, como no caso da Paixão de Cristo. E esses elementos remeteriam mais a outro *tópico* da *estrutura de pensamento*: as *emoções*. Porém, na Filosofia

Clínica, o significado é fiel à sua raiz grega e destaca um de seus aspectos: ser afetado ou tocado por algo.

O *partilhante* pode relatar sua *paixão dominante* do seguinte modo: "Eu gosto de artes marciais desde a infância. Já até me inscrevi em algumas academias, mas nunca dei continuidade. Estou sempre acompanhando os campeonatos e até aprendo bastante coisa, pelo menos na teoria, sobre os golpes. Mas, nunca entrei em nenhuma escola de luta". Neste caso, o gosto pelas artes marciais é uma *paixão dominante* na medida em que está presente na história da pessoa mesmo que não tenha se tornado uma prática efetiva.

A *paixão dominante* também pode aparecer nesse tipo de relato: "Adquiri o hábito de saborear um bom vinho há uns três anos. Desde então passei a apreciar uma taça todas as noites após o jantar. Todo final do mês, vou à adega da cidade vizinha comprar vinhos conhecidos e novos". Aqui ela aparece como ação recorrente, contínua.

Se o *filósofo clínico* encontra um meio de viabilizar uma *paixão dominante* antes presente apenas como conceito, ela pode compor outro *tópico* do *partilhante*, por exemplo, tornar-se *busca*. Essa modificação pode ser possibilitada a partir do reconhecimento de elementos da *historicidade* do *partilhante*. A pessoa pode ter outras *buscas* em movimento e a modificação de sua *paixão dominante* pode se tornar mais uma meta dela. Isto vai depender da compreensão da *estrutura de pensamento*. Assim, o *filósofo* pode trabalhar nos *tópicos* conflitantes sabendo quais são os outros *tópicos* implicados nesse procedimento.

Mas, há casos em que a *paixão dominante* deve permanecer como um incentivo, um desejo velado, algo sem relevância e em uma infindável gama de coisas, sem encontrar caminho para sua efetivação. Uma pessoa pode pensar continuamente no time de futebol para o qual torce, em sexo, na praia, nas férias, em um curso universitário etc. Esses elementos podem constituir a *paixão dominante* quando povoam a mente do indivíduo sem ser viabilizada ou vivida concretamente. A viabilização, a manutenção ou a anulação de um *tópico* vai depender do trabalho com o *partilhante*. Ou seja, o critério é a *singularidade*.

Os comportamentos que cumprem funções

O décimo terceiro *tópico* da *estrutura de pensamento* é denominado *comportamento e função*. Trata-se da identificação de uma ou mais ações concretas ou abstratas e de sua causa ou finalidade. Por exemplo, beber água é um *comportamento* e a *função* é saciar a sede. A identificação de uma determinada ação recorrente e prejudicial ao *partilhante* e o papel que cumpre em sua *estrutura de pensamento* pode ajudar o *terapeuta* a modificá-la. Vamos a dois exemplos:

> Toda vez que eu corro na orla do Guaíba, volto para casa me sentindo bem. Meu corpo fica mais disposto para aguentar os problemas do dia. É por isso que continuo correndo.

Neste caso, correr é o *comportamento* e a *função* é ficar com o corpo mais disposto para aguentar os problemas do dia.

> Já me perguntaram por que passo tanto tempo estudando e evito sair com meus colegas. Às vezes, dizem que estou perdendo minha juventude. Mas, na verdade, passo horas estudando porque quero passar em um bom concurso público.

O *comportamento* do jovem é passar horas estudando e a *função* é o preparo para poder passar em uma prova de concurso.

Portanto, o *tópico 13* refere-se a ações realizadas em vista de uma finalidade que as precede. Há casos na *clínica* em que comportamentos prejudiciais ao *partilhante* podem ser modificados caso se descubra a função que cumpre. Uma pessoa pode se ferir fisicamente por ver na dor física um mal menor do que a dor da alma. Em casos fisiológicos, alguém pode ter enxaqueca diariamente porque está insatisfeita com o trabalho. Pode-se encher a agenda com compromissos da manhã à noite só para não precisar voltar para casa e viver um relacionamento ruim. Nos casos acima, assim como qualquer outro na *clínica filosófica*, não há resolução prévia. O que pode ser feito dependerá de cada caso.

Como os *tópicos* não costumam estar isolados, o *tópico 13* pode estar relacionado aos demais. No caso dos exemplos acima, o *comportamento* relatado pode ter duas, três ou mais *funções*. Também pode haver casos nos quais vários *comportamentos* cumprem uma mesma *função*.

No caso da corrida, a pessoa pode também promover *o que acha de si mesmo* ao chamar atenção pelo corpo atlético. Pode servir para combater um *termo agendado no intelecto* ao querer mostrar que é capaz a alguém que disse que nunca conseguiria emagrecer. Ainda podemos reconhecer como meio de realização de uma *busca* pelo corpo dos sonhos. E os exemplos aqui jamais seriam suficientes para contemplar as variáveis possíveis.

No caso dos estudos, *comportamento e função* estão aliados à *busca*, que é passar em um concurso público. Também podem estar vinculados a um *pré-juízo* segundo o qual ser funcionário público é um modo mais garantido de ter boas condições financeiras do que empreender. Assim, a modificação do *pré-juízo* pode alterar tanto o *comportamento e função* quanto a *busca*.

Mas, os *tópicos* da *estrutura de pensamento* ainda não são o modo de agir da pessoa. A ação ou a viabilização da *estrutura de pensamento* é feita pelos *submodos*. Todavia, é inevitável que em alguns momentos a aproximação de ambos quase os confunda. E essa proximidade revela um caráter de complexidade na Filosofia Clínica. Trata-se do âmbito da circularidade de seus conteúdos. Em todo exemplo apresentado há elementos de outros *tópicos* e *submodos* presentes. Por isso, na medida em que os demais conteúdos são apresentados, uma volta aos capítulos anteriores mostrará que a didática exigiu a omissão de determinados elementos para explicações posteriores. Portanto, a releitura atenta deste livro tornará o conteúdo mais claro, homogêneo e circular.

As diversas espacialidades intelectivas

O décimo quarto *tópico* da *estrutura de pensamento* é a *espacialidade intelectiva*. Trata-se de um *tópico* que identifica onde se encontra predominantemente a atenção da pessoa. São quatro os tipos de *espacialidades* envolvidas: *inversão, recíproca de inversão, deslocamento curto* e *deslocamento longo*.

A *inversão* ocorre quando a pessoa está voltada à sua imaginação, aos seus pensamentos, ao diálogo interno consigo. Seria algo como introversão. No consultório, o *partilhante* pode dar indícios de que é predominantemente inversivo quando diz: "Não vi como ocorreu a discussão dos meus amigos naquela festa. Eu estava sentado perto do bar, meus braços estavam um pouco dormentes, meus olhos estavam me incomodando, acho que era porque tinha bebido demais. Na verdade, também estava chateado. Queria ir embora dali. Estava cansado. Já tinha trabalhado o dia todo. Só fui à festa porque aceitei o convite três semanas antes. Nem gosto de muito movimento. Prefiro ficar na minha". A pessoa em *inversão* é voltada para si, seu corpo e seus pensamentos, imaginações, sensações ou ideias.

A *recíproca de inversão* acontece quando vamos ao mundo existencial do outro. É quando nos voltamos ao outro e acompanhamos seu discurso. Por vezes, entramos tanto na história do outro e nos esquecemos de nós mesmos. Podemos perceber pessoas em *recíproca* por suas ações, o que pode ocorrer em casos de quem costuma trabalhar em ONGs ou instituições beneficentes. Também podemos ver isso em outros âmbitos, como no caso de pessoas que tomam decisões baseadas naqueles que ama. Por exemplo: "Eu estava separada do meu marido há um ano. Ele tinha me traído. Quando nos separamos, ele logo foi morar com aquela mulher. Eu estava bem. Até comecei a me relacionar com outro homem. Muito bom. Mas, vi meus filhos sofrendo. Minha filha tinha 10 anos e meu filho tinha 6. Eles começaram a ficar tristes, as notas da escola diminuíram. Aquilo acabou comigo. Vi que era a falta do pai. Ele sempre dizia que largaria aquela mulher para voltar para casa. Então, deixei o homem com quem tinha começado a me relacionar e resolvi aceitar o pai dos meus filhos de volta em casa". Nesse caso, o parâmetro de decisão estava na *recíproca* com os filhos.

O *deslocamento curto* é a atenção voltada ao que está próximo dos sentidos, aos objetos presentes aqui e agora. É o que vejo, cheiro, ouço, sinto etc. Uma pessoa em *deslocamento curto* pode dizer: "Eu gosto de chegar em casa, tirar os sapatos, soltar a gravata e ver minha casa arrumada. Casa com cheiro de limpeza. Depois do banho quente, vou comer alguma coisa. Uma janta feita na hora e muito saborosa. Depois sento no sofá, coloco os pés na mesinha de centro e ligo a televisão. Adoro isso!"

O *deslocamento longo*, por sua vez, é quando a atenção se volta aos objetos longínquos, fora do alcance dos sentidos. São os objetos de outros momentos, situações revividas pela lembrança ou até imaginadas pelas derivações conceituais. Um *partilhante* no consultório com o *deslo-*

camento longo predominante pode sentar-se na poltrona e dizer: "Sabe o que esse lugar me faz lembrar? Lembro-me do primeiro consultório que frequentei. Isso já tem uns dez anos. Era bonito, com pisos de madeira, tinha uma música de fundo vinda de um pequeno aparelho de som. Também tinha uma pequena garrafa térmica. Nela tinha o café mais gostoso que já bebi. Como era bom".

Sobre os dados de semiose

A *semiose* é o nome dado ao décimo quinto *tópico*. É por onde a pessoa se expressa. Nele identificamos os meios usados para expressar os conceitos que constituem a *estrutura de pensamento* de cada *partilhante*. *Semiose* pode ser um *sinal* e um sinal, como uma placa de trânsito, "transporta" ou comunica um sentido ou significado a um terceiro. Portanto, é o instrumento ou transporte de um termo, conceito, significado e dos conteúdos dos *tópicos* da *estrutura de pensamento*. Mas, de onde vem a palavra *semiose*?

A palavra utilizada neste *tópico* vem de *semiótica*. Trata-se do estudo do processo de construção do significado e de seu sentido na comunicação. Mas, também vem da *semiologia* trabalhada por Ferdinand de Saussure, um estudo derivado da *semiótica*. Aliás, ao lado de Saussure, Packter se inspirou em autores como Charles Sanders Peirce e Charles Morris para pensar esse aspecto da *estrutura de pensamento*.

Podemos dizer que a semiótica estuda os sinais e os processos dos signos, das indicações, das designações, das semelhanças, das analogias, das alegorias, das metonímias, das metáforas, dos simbolismos, das significações e das comunicações. Em suma, ela se ocupa do estudo dos signos e dos símbolos implicados nas comunicações. Ela não se atém, por exemplo, à linguística, porque estende suas investigações para sistemas de signos além dos linguísticos.

Na Filosofia Clínica, a *semiose* entra como os meios pelos quais a pessoa expressa ou viabiliza sua *estrutura de pensamento*. Como ainda não falamos de *submodo*, aqui identificamos o que predomina na constituição estrutural da pessoa, quem ela é, e não necessariamente nos seus modos de ser, em como age.

O chamado dado de *semiose* de cada indivíduo pode variar. Há pessoas que apresentarão vários, enquanto outros terão, no máximo, um ou dois. Uma *partilhante* pode chegar ao consultório e falar, outros precisarão escrever, ainda haverá quem precisará apresentar poemas, músicas, trechos de filmes, fotos de família, pinturas, esculturas, peças teatrais feitas por elas ou por outras pessoas para expressar quem são.

Além dos modos como o sujeito se expressa há a questão do sentido, como os gestos ou palavras transmitem um sentido diverso daquele intentado pelo emissor. Portanto, a *semiose* nem sempre é unívoca. Alguém pode demonstrar amor com cenas de ciúme que podem chegar à pessoa amada como um ato de possessividade. Os pais podem pensar demonstrar amor aos filhos suprindo suas necessidades materiais. É como a pessoa relata seu modo de expressão, podendo ser um, dois ou vários.

Quando uma pessoa chega ao consultório e diz: "Eu não consigo discutir verbalmente. Prefiro silenciar no momento da briga e, depois, escrever um texto e deixá-lo ao lado da cama para ela ler no fim do dia. É o modo como consigo dizer o que sinto naquela situação". Veja que, neste caso, a escrita é um dos dados de *semiose* que parece prevalecer. Há casos assim em que o *filósofo clínico* deverá utilizar desse meio de expressão para beneficiar a pessoa em outros âmbitos de sua vida. Mas, poderá ocorrer de o *terapeuta* ter que ensinar outras formas de *semiose* que mais se adéquam a momentos pessoais da pessoa.

Sem fórmulas para recorrer, o *filósofo clínico* encontra esses caminhos na *interseção* com o *partilhante*. É por meio da *construção compartilhada* que o *terapeuta* encontra os melhores modos de trabalhar o *assunto último* de seu *partilhante*.

O significado do que recebemos

O décimo sexto *tópico* da *estrutura de pensamento* é o *significado*. Enquanto o *tópico* anterior, a *semiose*, trata da expressão (*termo*) do que passa na *estrutura de pensamento* (*conceito*) da pessoa, o *significado* é o sentido dado ao que é expresso e de quem recebe. Em outras palavras, o *tópico 16* trata do *significado* que cada pessoa dá ao que expressa por gestos ou palavras e ao que recebe da expressão de outra pessoa. Refere-se às pessoas que significam o que acontece com elas ou o que elas vivenciam.

93

Podemos perceber alguns indícios de *significado* nos seguintes exemplos na relação entre mãe e filho: "Minha mãe não gosta de mim. Ela briga comigo o tempo todo", "Minha mãe se importa comigo. Por isso, sempre me corrige com as broncas dela", "Minha mãe me trata como um empregado. Se não faço o que ela quer, ela briga comigo", "Serei um grande homem quando crescer, porque minha mãe não me deixa ser preguiçoso com as broncas dela".

Nos casos exemplificados, sabemos como as ações e palavras da mãe chegam ao filho e não a intenção da mãe. Assim costuma ocorrer no consultório. O *terapeuta* tem acesso apenas ao modo como seu *partilhante* significou o que chegou a ele. E é por essa perspectiva que tem a chance de trabalhar.

Há outros modos de trabalhar o *significado* na *clínica filosófica*. Isto ocorre, por exemplo, em atendimentos que envolvem casais ou pais e filhos. Há casais que, em busca de "salvar seu relacionamento", procuram o *filósofo clínico*. São incontáveis as possibilidades de questões a serem trabalhadas pelo casal. Uma delas, inclusive, é quando afeta o *significado*. Isso ocorre quando há desentendimentos por incompreensões do que o outro diz. Tais dificuldades ou total desvirtuamento do entendimento podem afetar outros *tópicos*, prejudicando a vida em casal. Nestes casos, o *terapeuta* costuma atender ao casal separadamente por um tempo para não ficar refém dos significados de ambos e, se necessário, os reúne para sessões conjuntas.

Também há situações análogas entre mãe ou pai e filhos cujos exemplos supracitados ilustram as incompreensões que, por sua vez, podem ocorrer em ambos os lados. Mães que chegam ao consultório reclamando do comportamento de seus filhos quando, na verdade, eles são o reflexo do que vivenciam em suas casas. Há também ocasiões em que os pais procuram a *terapia* em busca de dar um diagnóstico ao filho diante de um comportamento que não compreendem. Nestas situações, o *filósofo clínico*, que não trabalha com classificações, busca entender o que ocorre com o filho e propõe um acompanhamento paralelo com o pai, a mãe ou ambos.

O *significado* também pode ser dado a situações. Uma demissão pode significar que "o mundo acabou", mas também pode "ser a oportunidade de abrir novas portas na vida profissional". Um acidente pode gerar raiva por uma injustiça da vida ou ser uma ocasião para repensar as escolhas diante da nova oportunidade que a vida deu não levando a pessoa a óbito. A greve em uma universidade pode significar a chance de tirar umas férias e colocar as matérias em dia ou a protelação do diploma, da entrada no mercado de trabalho, um atraso de vida.

Enfim, quando o *significado* é determinante e fonte de algum conflito entre *tópicos*, o *filósofo clínico* deve se manter ciente dos sentidos que as palavras, os gestos e até os *procedimentos clínicos* podem ter na malha intelectiva da pessoa. Não basta ter a intenção de auxiliar o *partilhante*. É necessário que o movimento utilizado mantenha o *significado* almejado pelo *terapeuta* quando é recebido pela pessoa que está sob seus cuidados.

As armadilhas conceituais

A *armadilha conceitual* é o décimo sétimo *tópico* da *estrutura de pensamento*. Este *tópico* diz respeito aos padrões, ao que se repete em nossa vida, seja nos pensamentos, seja nos comportamentos. Todos nós temos nossos padrões. Porém, há *armadilhas conceituais* que nos trazem algum mal-estar subjetivo por prejudicar a vida do *partilhante* e, neste caso, caberá ao *filósofo clínico* trabalhar na viabilidade de ser ou não desfeita.

Vamos a um exemplo: O *partilhante* cumprimenta o *filósofo clínico*, entra no consultório, senta-se no sofá e suspira. Após segundos de silêncio, lágrimas enchem seus olhos, e ele diz: "Nós brigamos de novo por causa do meu ciúme. Eu não consigo confiar nela. Se ela não atende meu telefonema na hora ou demora a responder as minhas mensagens, já penso que ela está com outro homem. É mais forte do que eu. Então, quando nos encontramos, a briga é certa. Trocamos ofensas. Eu a chamo dos piores nomes. Fico incontrolável. Falta pouco para avançar nela e começar uma agressão. Por que não consigo confiar nela? Por que é tão difícil? Por que é sempre assim? Acho que isso nunca vai acabar..."

No exemplo acima, a falta de confiança é o ponto de partida para a briga. Ou, pelo menos, é o *assunto imediato*. Algumas atitudes da pessoa com a qual ele se relaciona afetam o *tópico significado* e, provavelmente *inversivo*, constroem cenários de traição em sua imaginação. O *com-*

portamento, que talvez seja equivocado, é a briga, a *função* é lidar com a desconfiança. A *interseção* fica negativa. O relacionamento é afetado negativamente. Os indícios nos sugerem que estamos diante de uma *armadilha conceitual*.

Outro exemplo de *armadilha conceitual* pode aparecer na seguinte fala: "Eu ajudo todo mundo sempre. Mas, nunca me retribuem quando preciso. Vivo endividado para ajudar as pessoas e nunca sou valorizado por isso. Pelo contrário, só me prejudico. Já faltou até comida em casa por conta dessas dívidas. E o pior: continuo me endividando toda vez que alguém bate na minha porta pedindo minha ajuda". A ajuda, neste caso, poderia ser algo benéfico para quem a pratica e quem a recebe. Mas a dívida, interpretada como prejuízo, sugere que esse comportamento não tem trazido um bem-estar para essa pessoa.

Mas, nem toda *armadilha conceitual* precisa ser desfeita. Um indivíduo que passou anos de sua vida enfrentando as consequências de uma obesidade e, com muito esforço, conseguiu controlar sua alimentação e está há dez anos livre dos problemas que tinha por estar acima do peso. Porém, agora não consegue comer nada sem calcular antes as calorias por um aplicativo de celular. Sempre que vai comer, até mesmo uma única uva, precisa contar aquelas calorias e contabilizar para o total de calorias do dia. Independentemente dos julgamentos alheios, um sujeito com esse tipo de *armadilha conceitual* não necessariamente precisa se livrar desse hábito. Se o *partilhante* percebe o benefício de não estar obeso como mais relevante do que a preocupação diária com as calorias ingeridas, o *filósofo clínico* não precisa trabalhar essa questão na vida dele. Afinal, doença e cura, compulsão e equilíbrio, excesso e falta não são parâmetros que balizam a *clínica filosófica*.

Sobre os valores

O décimo oitavo *tópico* da *estrutura de pensamento* é a *axiologia*. Ela se refere às questões valorativas. As pessoas que apresentam a *axiologia* como *tópico* determinante são aquelas que podem trazer valoração – expressa em palavras como bom, ruim, justo, injusto, certo, errado, importante, banal, alto, baixo, irrelevante etc. – em suas partilhas e vivências. Assim como os demais *tópicos*, há possibilidades de a *axiologia* surgir vinculada a um, dois ou três outros *tópicos* na pessoa. Mas, a partir de quais pensadores Lúcio Packter pensou este *tópico*?

Entre outros pensadores, Lúcio leu o filósofo Friedrich W. Nietzsche, o qual falou sobre a genealogia da moral, a transmutação dos valores, o além-do-homem e muitos outros temas que tinham como uma de suas bases de reflexão a questão da valoração. Eram questões axiológicas, isto é, a respeito de valores no sentido moral. Mas, não somente Nietzsche viria a pensar essa questão. Dentre aqueles que trabalharam esse tema, um dos que mais se destacaram no século XX foi Max Scheler, com sua filosofia dos valores. Vamos a alguns exemplos de como esse *tópico* pode aparecer:

Alguém com *o que acha de si mesmo* pode estar afetado por uma *axiologia* que o prejudica:

Eu sou uma pessoa feia, burra e pobre. Ninguém vai se interessar por mim desse jeito. Nem uma conversa boa eu consigo ter. Só falo bobagens. Como é que alguém legal vai querer se aproximar de mim? Está tudo perdido pra mim.

Há casos, também, de vínculo com *como o mundo parece*:

O mundo é mal. As pessoas são ruins. Todo mundo só quer ver o seu e o outro que se dane. São todos gananciosos. Veja os políticos! Os políticos são o retrato do povo. Eles são corruptos porque a população de onde eles vêm é toda corrupta também. Aliás, todo país tem os governantes que merecem!

Por fim, exemplifiquemos com uma relação com *pré-juízo*:

Se você faz algo bom, esse algo bom volta pra você. Na verdade, quando a gente faz algo bom, ele frutifica e volta melhor. É por isso que alguém diz que quem planta chuva colhe tempestade. O que a gente recebe do universo é sempre muito maior do que aquilo que oferecemos. Por isso, a gente deve fazer o melhor que pode para que o universo nos dê com ainda mais abundância.

As possibilidades são incontáveis. Nos casos exemplificados, a ênfase foi em dois *tópicos*. Mas pode haver casos de envolvimentos com outros *tópicos*. Deve-se haver atenção para que um *tópico* aparentemente negativo em relação a si, ao mundo ou às pessoas não necessariamente significa que seja prejudicial para o sujeito. Por essa razão, não há ações pré-estabelecidas do que deve ser feito. O *filósofo* precisa antes fazer os *exames categoriais*, montar a *estrutura de pensamento* e, ao encontrar o(s) conflito(s) e *tópico(s)*, realizar o trabalho.

O que vai guiar os *procedimentos clínicos* do *filósofo* é o conflito entre os *tópicos* ou dentro de um mesmo *tópico*. Se um *partilhante*, por exemplo, vir todo o mundo em um viés axiológico negativo, pode ser que essa tenha sido a melhor maneira que a *estrutura de pensamento* dele encontrou para viver sem outras dores maiores, piores e potencialmente destrutivas. Neste caso, talvez seja melhor deixar como está.

A singularidade singular

O décimo nono *tópico* da *estrutura de pensamento* é denominado *tópico de singularidade existencial*. É aparentemente contraditório afirmar o tempo todo que as pessoas são singulares e, em seguida, apresentar um *tópico* que destaque a *singularidade* de alguém. Afinal, todos os *tópicos* não se referem justamente à *singularidade*? Evidentemente, sim. Porém, a forma aqui é preenchida por conteúdos que não se encaixam nos demais *tópicos* e costumam aparecer nos casos de consultório.

Em suma, o *tópico de singularidade existencial* é o que no senso comum seria chamado de dons sobrenaturais ou algo dessa natureza. Mas, engloba outras manifestações ou experiências com sonhos, visões, percepções além dos que estão ao alcance dos cinco sentidos etc. Podem vir de experiências religiosas, do uso de alguma droga, de uma experiência de acidente, enfim, as possibilidades são incontáveis.

Nesses casos, poderemos ouvir algo como: "Eu estava rezando na igreja e, de repente, saiu uma luz do altar e veio em minha direção. Ela era forte, mais forte do que o sol, mas não incomodava minha vista. Não fiquei com medo. Quando estava perto de mim, saiu uma voz dela dizendo para eu ir à farmácia agora e ajudar uma moça que apareceria com sua filha no colo querendo comprar um remédio. Ela não tem dinheiro para comprar. Então, compre, dê para ela, e diz que foi Jesus quem mandou. Na hora, fui para a farmácia e aconteceu tudo como a luz me disse".

No exemplo supracitado, o *filósofo clínico* não está interessado na veracidade de tal relato. Não é uma questão de investigar empiricamente o ocorrido a fim de comprovar ou desmentir o *partilhante*. As questões centrais são: Qual a função que tal experiência cumpre na *estrutura de pensamento* dessa pessoa? Com qual *tópico* essa experiência tem relação? Há alguma *categoria* – *tempo, relação, circunstância, lugar* – na qual podemos perceber melhor a constituição dessa experiência? Trata-se de algo determinante ou essas experiências não cumprem nenhuma função importante na *estrutura de pensamento* dessa pessoa? E as perguntas se multiplicam na medida em que o *terapeuta* se aprofunda na *historicidade* de seu *partilhante.*

Haverá casos em que por mais "extraordinária" que a experiência seja, ela pode não ter relevância alguma no modo de ser e, muito menos, afetar as ações da pessoa. Porém, uma vez presente na *estrutura de pensamento*, tal experiência – inicialmente insignificante – pode ser reforçada quando for oportuna para, por exemplo, enfraquecer outro *tópico* ou amenizar conflitos entre *tópicos*. Também pode ser enfraquecida se conduz a pessoa a caminhos que a prejudicam.

Por fim, devemos lembrar que a primeira lição fundamental da Filosofia Clínica é que aquilo que a pessoa diz pensar, sentir, perceber, intuir, significar, experienciar etc. é assim para ela. Portanto, o *filósofo clínico* deve fazer sua suspensão de juízo, agendar minimamente no começo e buscar, no próprio *partilhante*, o que constitui e o que significa cada experiência dele para ele mesmo. O foco é, via *recíproca de inversão*, adentrar, ao máximo, na *representação de mundo* do *partilhante*.

Como conhecemos o que conhecemos

Embora tenha sido o filósofo escocês James Frederick Ferrier a quem se atribui a introdução da palavra "epistemologia" no vocabulário filosófico de língua inglesa, no século XIX, o estudo epistemológico ocorre desde o início da filosofia. Pensadores como Platão, Aristóteles, Agostinho, Tomás de Aquino, Descartes, Kant, Hegel e muitos outros trabalharam essa temática ao longo da história da filosofia no Ocidente. O termo *epistemologia* se refere ao estudo filosófico do conhecimento e Lúcio Packter o incorporou ao vigésimo *tópico* da *estrutura de pensamento*.

A *epistemologia*, como *tópico*, diz respeito ao modo como o sujeito conhece o que diz conhecer. Portanto, quando em uma fala a pessoa usa termos como "entender", "investigar", "pensar", "saber", entre outros, o *filósofo clínico* fica atento porque tais palavras sugerem que ela pode ter a *epistemologia* como determinante em sua *estrutura de pensamento*.

Porém, assim como nos demais *tópicos*, a investigação do que é determinante na *estrutura de pensamento* não se resume ao uso dos termos partilhados nas sessões. Às vezes, são termos usados sem que a própria pessoa se refira ao sentido epistêmico que ela carrega. O mesmo ocorre, por exemplo, com *emoções*. Neste caso, nem sempre alguém falar em "amor", "paixão", "ódio" ou "tristeza" significará que a pessoa sinta algo. Entre a palavra expressa e a vivência realizada pode haver um abismo. É o que em Filosofia Clínica distinguimos entre *termo* e *conceito*.

O *termo* é o acontecimento ou palavra dita. É a ação, ainda que falada. Já o *conceito* é o que constitui a *estrutura de pensamento* da pessoa. O sentido – *significado* – pode ser um enquanto *conceito* e ser expresso – *semiose* – por uma palavra diferente, gerando um *termo equívoco*. É por isso que em muitos casos será necessário fazer aprofundamentos não somente na história de vida, mas no sentido que alguns *termos* ditos têm para aquele *partilhante*.

Quando se destaca a *epistemologia*, não significa que o indivíduo busque entender as coisas por um experimento empírico. Não necessariamente a pessoa exerce sua capacidade epistêmica com o método das ciências modernas que envolve experimento, cálculos, probabilidades etc. O mesmo também não se faz em relação às buscas nos livros especializados no tema a ser entendido.

Uma pessoa pode ter a *epistemologia* como determinante e realizá-la associada ao *deslocamento curto*. Isto é, há aqueles cuja *espacialidade intelectiva* os leva a aprender no contato com as coisas. São os casos dos indivíduos que tiram lições de vida cuidando de um jardim, fazendo um artesanato, sentindo a areia da praia enquanto caminha, acompanhando pela janela a chuva molhando a terra etc.

Há indivíduos que aprendem com os relacionamentos; outros com o trabalho; haverá quem precise do ambiente acadêmico; não faltarão os que irão precisar saber qual é a última palavra da ciência para pautar suas ações cotidianas; e as possibilidades são tantas quantas são as pessoas.

O que mantemos de nós nas relações

Na filosofia desenvolvida ao longo do século XX, pensadores como Jean-Paul Sartre, Martin Buber e Emanuel Levinás refletiram sobre as relações, sobre o eu e o tu, sobre o outro e sobre o que fica de nós nessas relações. Para a Filosofia Clínica, Packter reservou o vigésimo primeiro *tópico*, denominado *expressividade*, que se refere ao quanto o que habita na *estrutura de pensamento* de uma pessoa alcança o outro do modo como se encontra nela ou o que cada pessoa mantém de si em suas relações.

A *expressividade* dialoga com dois outros *tópicos*: a *semiose* e o *significado*. A *semiose* é o canal de comunicação. Pode ser a fala, a escrita, a música, os gestos etc. Mas, também o sorriso, o choro, a roupa, o penteado, a maquiagem

104

entre outros aspectos mais sutis de expressão. É o meio utilizado para que o sujeito expresse o que ocorre em sua *estrutura de pensamento*. O *significado* é o sentido daquilo que expresso quando a pessoa usa o dado de *semiose* e como o outro significa o que recebe.

No consultório, a relevância da *expressividade* na vida do *partilhante* pode ser percebida de diversos modos. Uma pessoa pode dizer que se sente falsa com seu vizinho, de quem não gosta, ao ter que tratá-lo bem para manter a política da boa vizinhança. Quando alguém diz que não consegue ser sincera com outra. Ou até em ocasiões nas quais o sujeito relata que fica "travado" diante de estranhos. Outros ainda dirão que as palavras não são suficientes ou que não conseguem se expressar.

A *expressividade* envolve a reflexão sobre a *interseção*. Quando o *filósofo clínico* analisa a *categoria relação*, é possível que perceba os elementos de *expressividade* que surgem na *circunstância* e no *lugar* de seu *partilhante*. Uma pessoa pode se sentir (*lugar*) bem dentro de casa e muito mal quando vai para o centro da cidade. Uma criança pode ser extremamente bagunceira quando está na companhia da mãe e do pai e ser um exemplo de calma e tranquilidade sob os cuidados dos pais de seus amiguinhos. Um jovem que foi muito ciumento no namoro anterior pode apresentar grande confiança no atual.

A *expressividade* pode envolver diferentes *tópicos* na relação com diferentes pessoas e ocasiões. Lembrando que a *interseção* é o ponto de contato – limitado – com parte de outra pessoa; uma relação pode envolver *tópicos* anulados, aumentados, relativizados, mesclados, esquecidos, inflamados etc. que sequer surgem nas demais relações.

A própria *construção compartilhada* que é realizada no consultório apresenta esses aspectos. Um *partilhante* pode apresentar *tópicos* diante de um *filósofo clínico* que não aparecerão do mesmo modo com outro. É por isso que não só a pessoa é singular, como suas relações tornam todo encontro único, inclusive com o *terapeuta* que está em busca de compreender a *estrutura de pensamento* de seu *partilhante*.

A característica plástica da *estrutura de pensamento* também é analisada pelo *filósofo clínico*. Afinal, a pessoa pode mudar em minutos, várias vezes ao dia, ou passar anos mantendo algum padrão de sua *estrutura*. Alguns *tópicos* podem ter predominado durante uma fase da vida e, em outras, terem se tornado efêmeros ou nulos. É por isso que é fundamental ter em mente a análise do *dado padrão*, *dado atualizado*, *dado literal* e a análise dos *assuntos imediato* e *último*.

Nossos papéis existenciais

José acorda, olha para o lado e vê sua esposa. Levanta e passa no quarto dos filhos. Arruma-se e vai para seu escritório de advocacia. Vai a um restaurante na hora do almoço. Quando termina o expediente, segue para a aula de dança. Antes de voltar para casa, passa alguns minutos conversando com seu amigo e vizinho, no portão de sua casa. Em apenas um dia, José foi esposo, pai, advogado, cliente, aluno, amigo e vizinho. Todas essas atribuições dadas pelo próprio *partilhante* serão reconhecidas pelo *filósofo clínico* no espaço de sua investigação *terapêutica* dedicada ao *tópico 22* da *estrutura de pensamento* destinada ao *papel existencial*.

Portanto, o *papel existencial* se refere ao que a pessoa é, enquanto é atribuído por ela mesma, nas diferentes *interseções* com pessoas, momentos, época ou situações. É como um personagem em suas especificidades correspondentes aos contextos nos quais se encontra. No caso do José, pode ser que seus diferentes *papéis existenciais* não mudem muito quem ele é e como age. Por outro lado, caso mudasse, ele poderia ser mais afetivo (*emoções*) com sua esposa e filhos; disciplinado e determinado para resolver os problemas de seus clientes no escritório (*busca*); não dar muita atenção para as pessoas enquanto almoça no restaurante (*inversão*); ter pouca confiança em seus movimentos nas aulas de dança (*o que acha de si mesmo*); e ser muito solícito e compreensivo diante das questões de seu amigo (*recíproca de inversão*).

Isso não significa que o José use somente um dos *tópicos* em cada um de seus *papéis existenciais*. O exemplo enfatiza o que se destaca em cada uma das situações. Porém, em cada contexto, José carrega um pouco de cada um dos demais *tópicos* e eles se mesclam, embatem, repudiam, atraem etc. em cada uma das situações. Em muitos casos, alguns *tópicos* determinantes permanecerão em todos os *papéis existenciais* em graus maiores, menores ou iguais.

José pode chegar ao consultório e mostrar-se desanimado diante da vida (*assunto imediato*) e no decorrer das sessões o problema (*assunto último*) ser sua baixa autoestima (*o que acha de si mesmo*) nas aulas de dança após perder nos dois últimos campeonatos estaduais de tango. Isso talvez tenha acarretado alguns conflitos com sua esposa por ele se mostrar irritado (*emoções*) sem saber o motivo. O *filósofo clínico*, após semanas de acompanhamentos e conhecendo a *estrutura de pensamento* do José, pode ver a possibilidade de levantar a autoestima dele como um caminho adequado. Como faz isso? Pode, por exemplo, reforçar o *tópico 2* com o auxílio dos demais que são fortes em seus outros *papéis existenciais*. Mas, o procedimento usado com José é fruto de um longo trabalho de acompanhamento da *historicidade*, dos *exames categoriais* e da compreensão da *estrutura de pensamento*. O caminho encontrado para trabalhar com o José é só dele.

Pode começar então um processo de modificação. O *filósofo clínico* mostra a José que ele é um excelente pai e esposo porque a paixão (*emoções*) o move; que a disciplina em seu escritório em vista (*busca*) de ajudar seus clientes é seu diferencial de destaque na área do direito; e que ele deveria ser (*busca*) mais compreensivo com sua própria caminhada (*inversão*) na dança como é quando auxilia seu amigo em suas questões. Desse modo, o *terapeuta* mostrou a José que ele gosta (*emoções*) da dança, é capaz de se dedicar para se superar (*busca*) nas aulas e ensaios e, por fim, precisa perceber seu processo (*inversão*) de evolução.

Os meios para viabilizar tais processos são os *submodos* que serão apresentados a seguir. O importante aqui é mostrar que é a partir do reconhecimento da *estrutura de pensamento* do *partilhante*, concomitante aos *exames categoriais*, que o *filósofo clínico* alcança meios possíveis para fazer os *procedimentos clínicos*. Sem uma representação bastante aproximada da *representação* do *partilhante*, os procedimentos tornam-se arriscados.

O funcionamento de uma problemática

O vigésimo terceiro *tópico* da *estrutura de pensamento* é chamado de *ação*. A *ação* é funcionamento de uma problemática. Nesse *tópico*, o *filósofo clínico* compreende o conjunto de associações dos conceitos desencadeados na malha intelectiva. Em outras, palavras, a *ação* diz respeito a um acontecimento mental (*conceito*) ou associada às ações concretas (*termos*) relatadas pelo *partilhante*. Essas associações podem ser de diversas naturezas, das quais podemos destacar três.

Pode ser uma *ação* mental que não tem relação com os acontecimentos externos. Uma pessoa pode dizer no consultório o seguinte: "Eu gosto de viajar. Ver aquelas pessoas cheias de malas no aeroporto. Dividir espaço com pessoas de todas as nacionalidades. Abrir a janela quando o avião está próximo de aterrissar só para ver de cima a nova cidade que vou conhecer". Nesse caso, a pessoa pode construir essa imagem por ter o *tópico deslocamento longo* forte em sua *estrutura de pensamento* e jamais ter saído de sua própria cidade que, por sua vez, sequer tem aeroporto. Pode haver uma instantaneidade na *ação*. Isso pode ocorrer em casos de uma moça beijar o namorado, senti-lo fisicamente, pensar no quanto gosta dele e, ao mesmo tempo, lembrar-se do ex-namorado, de como o beijo de ambos é parecido, de como ainda sente algo por ele. Nessa situação, *deslocamento curto* e *deslocamento longo* se mesclam durante o beijo apaixonado.

Pode também ocorrer de a *ação* surgir com dados aleatórios e conflitantes. Um *partilhante* pode relatar um caso assim do seguinte modo: "Costumo ir aos domingos na casa da minha mãe. Ela faz comidas maravilhosas. Mas, quando vou comer, algo estranho acontece. Eu sinto o sabor da comida, aquele cheiro, enfim, é muito bom. Mas, enquanto mastigo, lembro-me da vez em que comi e passei mal, do gosto do vômito. Daí, cuspo a comida de volta no prato. A comida não desce mais. Fico triste, choro. Não sei o que fazer".

É claro que esses exemplos são uma ínfima parte das possibilidades da *ação*. A questão aqui é compreender o que está ocorrendo enquanto *conceito* ou *termo* a fim de encontrar caminhos para a solução. A identificação da *ação* pode ser o passo necessário para entender o contexto e os desencadeamentos que constituem a experiência do *partilhante*.

É importante distinguir a *ação* do *raciocínio estruturado*. Enquanto o *raciocínio estruturado* é observado em vista de perceber o começo, o meio e o fim bem apresentados, a *ação* é um relato que pode ter ou não começo, meio e fim, mas o *filósofo clínico* está atento ao desencadear do acontecimento, sendo ou não coerente ou logicamente bem formulado.

O vigésimo terceiro *tópico* é, portanto, já uma etapa da *clínica filosófica*. É quando o *filósofo clínico* tem os *exames categoriais* e a montagem da *estrutura de pensamento* bem avançados. Na *ação*, os *tópicos* e *submodos* aparecem, dialogam e o *filósofo clínico* tem a possibilidade de vislumbrar o *assunto último*.

As possibilidades hipotéticas

Há pessoas que elencam possibilidades diante das situações (*ação*) ou problemas. Elas podem ficar apenas nos *conceitos* (*estrutura de pensamento*) ou chegar a *termo* (*submodos*). Quando falamos de possibilidades como *tópico* da *estrutura de pensamento*, nos referimos à *hipótese*. Este *tópico* pode surgir como meio de lidar com os conteúdos que o *filósofo clínico* identifica como *ação*. E como identificar a *hipótese*? Vamos a um exemplo.

A *partilhante* pode chegar a mais uma sessão semanal. Olha nos olhos do *filósofo clínico* e diz: "Doutor, acho que sair daquele emprego pode não ser uma boa ideia. O convite para o outro é excelente. É um salário muito tentador. Mas, eu poderia negociar com meu patrão atual. E se eu dissesse a ele que estou com uma oferta melhor de trabalho? E se ele me oferecer um aumento por isso? Será que ele não me daria um cargo melhor na empresa? Eu poderia também pedir demissão e tentar logo o outro emprego. Seria uma oportunidade de me reinventar. Mas, às vezes, penso mesmo em deixar esse ramo e não ficar no atual e nem aceitar o novo. E se eu começasse um negócio novo? Abrisse uma empresa? Talvez na área alimentícia. Ou até em prestadora de serviço. Eu quero minha independência financeira. Tenho estudado a bolsa de valores. Acho que seria uma boa começar a investir. São tantas opções..."

Algumas pessoas podem resolver suas vidas nos pensamentos (*abstrato*) multiplicando as *hipóteses* que nem sempre precisarão ser realizadas. As possibilidades podem ser meios para a *estrutura de pensamento* viver além da situação (*ação*) atual. Um *partilhante* pode elencar uma miríade de possibilidades e ficar satisfeito em manter-se no que continua fazendo.

A *hipótese*, assim como a *ação*, está na esfera limítrofe entre a *estrutura de pensamento* e o *submodo*. Às vezes, será difícil, quase impossível, distinguir o que é do âmbito do *conceito* daquilo que é do *termo*. Na verdade, os termos da Filosofia Clínica somente são separados na didática. As etapas da *clínica* nem sempre ocorrem com a clareza com a qual é apresentada nos livros, aulas ou manuais. Essa é a razão pela qual uma das maneiras utilizadas pelos cursos de Filosofia Clínica é fazer um trabalho circular de ensino no qual os conceitos ou terminologias são apresentados e esclarecidos na medida em que são relacionados com outros. Por isso, didaticamente, a realização dos *exames categoriais*, a montagem da *estrutura de pensamento* e o reconhecimento e aplicação dos *submodos* ocorrem quase concomitantemente.

Portanto, não estranhe se ao ler a parte destinada aos *submodos* encontrar semelhanças que se tornam quase imperceptíveis em relação a algum *tópico* da *estrutura de pensamento*. Nesse sentido, a Filosofia Clínica contempla a complexidade da alma humana que não é abarcada em sua totalidade, e todo método que visa compreendê-la alcança aproximações, jamais sua posse.

Sobre a experimentação

O vigésimo quinto *tópico* da *estrutura de pensamento* parece uma lógica do movimento após os dois precedentes. Assim, teríamos a *ação*, isto é, o problema em curso, a *hipótese*, ou seja, os caminhos possíveis de viabilização ou resolução do problema ou questão e, por fim, a *experimentação*, que seria a concretização da opção selecionada. Na teoria ficaria bem. Mas, tratando-se de pessoas, a complexidade é maior.

A *experimentação* enquanto *tópico* refere-se, predominantemente, a um *conceito*, isto é, a algo que constitui a *estrutura de pensamento*. Uma pessoa pode ter a *experimentação* como *tópico* e não como *submodo*. Ou seja, ter como *conceito* e não levá-la a *termo*, o que a deixaria muito próximo de ser identificada com a *hipótese*. Algumas pessoas têm a *experimentação* como consequência da *ação* sem passar pela *hipótese*. Outras sequer têm uma *ação* clara e passam à *experimentação*. Enfim, as possibilidades são incontáveis.

Ocorre que dos *tópicos 23* até o *30,* com uma pequena exceção do *26,* há uma complexidade maior por duas razões. Tais *tópicos* são mais facilmente confundidos com os *submodos.* Além disso, trata-se de *tópicos* que constituem em grande parte o próprio *procedimento clínico* em vista de encontrar o *assunto último* e os meios de trabalhá-lo.

É por essa razão que, diante de um problema ou *assunto último* descrito na *ação,* o *terapeuta* poderá elencar *hipóteses* de trabalho ou encontrar as que já constituem a *estrutura de pensamento* de seu *partilhante* e, por fim, empregar a *experimentação.* Esses *tópicos* não são sempre utilizados dessa maneira, mas esse procedimento é uma de suas possibilidades.

Aliás, na *clínica filosófica* não há procedimento padrão a ser utilizado com todas as pessoas. Respeitando ao máximo o método, as variáveis de trabalho com o *partilhante* são infinitas. Afinal, tanto o *filósofo clínico* quanto o *partilhante* são singulares e o andamento e resultado do trabalho clínico ocorre de modo único, ainda que a fidelidade ao método permita que haja muitos elementos comuns, por exemplo, na identificação do *assunto último* se hipoteticamente o trabalho fosse realizado com o mesmo *partilhante* por dois *filósofos clínicos.*

As verdades compartilhadas

O vigésimo sexto *tópico* da *estrutura de pensamento* requer uma percepção bastante aguçada do *filósofo clínico,* pois engloba uma série de elementos das *categorias,* da *estrutura*, dos *submodos* e pode, em alguns casos, ser determinante para inviabilizar a terapia. Trata-se do *princípio de verdade*.

O *princípio de verdade* diz respeito aos elementos que encontram paridade na *interseção*. São eles os dados da cultura de uma comunidade, bairro, cidade ou país, os preconceitos sociais, os dogmas religiosos, as convenções de um grupo etc. Tais elementos são reconhecidos no que constitui a pessoa, em especial, sua *estrutura de pensamento*. Em outras palavras, o *princípio de verdade* são as semelhanças e proximidades do que constitui as *estruturas de pensamento* de duas pessoas em *interseção*. Aquilo em que ambas convergem, complementam, compartilham.

No caso do processo da *clínica*, *filósofo* e *partilhante* constroem um *princípio de verdade*. As *estruturas* de ambos encontram pontos em comum: *tópicos* da *estrutura de pensamento*, elementos das *categorias*, como *circunstâncias*, e até *submodos*. A *interseção* negativa pode ser um impeditivo para a continuação do trabalho terapêutico.

Um caso de disparidade no *princípio de verdade* pode vir de um *pré-juízo* aliado a uma *axiologia* do *partilhante* segundo o qual um erro deve ser pago com uma grande dor e, portanto, a agressão pode ser um caminho de justiça. Se esses *tópicos* forem determinantes para o *partilhante* e, também, para o *terapeuta*, só que em uma visão completamente contrária, isso pode gerar um conflito incontornável à *clínica*.

Por outro lado, nem sempre uma *interseção negativa* impedirá um acompanhamento. O *filósofo clínico* pode encarar tal conflito como um desafio e, inclusive, ser impulsionado por esse tipo de contradição tópica e seguir seu trabalho. Não há um modelo de como proceder nesse tipo de *interseção*. Isso vai variar devido à *singularidade* do *terapeuta*, do *partilhante* e da própria *interseção*.

Não somente há *princípio de verdade* estabelecido no consultório. A comunidade eclesial, a escola ou faculdade, a família, o clube, o bairro, o município, o país, enfim, o contexto do sujeito possui seus próprios *princípios de verdade* que podem ser concordantes ou conflitantes com sua *estrutura de pensamento*. O *filósofo clínico* constatará isso pelos *exames categoriais* e pela montagem da *estrutura de pensamento* de seu *partilhante*.

Do mesmo modo como relatado no caso da continuidade da *terapia*, a *interseção negativa* com os *princípios de verdade* não necessariamente é um problema para a pessoa. O *partilhante* pode, por exemplo, viver bem justamente por ficar o tempo todo em embate com os *princípios de verdade* de sua sociedade, família etc. Por outro lado, para algumas pessoas, o *tópico 26* pode não ser determinante e isso não ter peso algum em suas vidas. Aliás, isso também pode ser uma realidade do próprio *filósofo clínico* em seu *papel existencial*.

O que determinará se o *princípio de verdade* é ou não um problema para a *clínica* ou para a vida do *partilhante* é o procedimento metodológico da *clínica filosófica*: *exames categoriais*, *estrutura de pensamento* e *submodos*. Feito isso, o caminho da *clínica* tende a seguir seu curso.

Analisando a estrutura

Uma das etapas fundamentais de compreensão do *partilhante* é chamada de *análise da estrutura*. Trata-se do vigésimo sétimo *tópico* da *estrutura de pensamento*. Como o próprio nome indica, não é necessariamente um procedimento que visa identificar um *tópico*, mas analisar a *estrutura de pensamento* reconhecida até aqui. Como isso ocorre? Ao passar pelas etapas dos *exames categoriais* e da montagem da *estrutura de pensamento*, o *filósofo clínico* encontra os *tópicos* determinantes na malha intelectiva da pessoa. Esses *tópicos* não possuem a mesma força na *estrutura* da pessoa. Quando nos referimos ao termo "força", o critério de mensuração é a própria pessoa e sua relação *tópica*. Há, portanto, *tópicos* ou *estruturas de pensamento* fortes, fracas, permeáveis, impermeáveis, instáveis, estáveis, ricas, pobres, caóticas, ordenadas e a lista é tão variada quantas são as pessoas.

Essa *análise da estrutura* é realizada como etapa importante e fundamental para o *planejamento clínico*. Ao saber quais *tópicos* são determinantes, estão em conflito, podem ser modificados, precisam ser reforçados, devem ser enfraquecidos, precisam dos demais para existirem, são intocáveis etc., o *filósofo* pode dar o passo seguinte, que é a aplicação dos *submodos*.

Portanto, após o *tópico 23 – ação –*, estamos diante de elementos da *estrutura de pensamento* que não se resumem à colheita da *historicidade* do *partilhante*. Nessa etapa, o reconhecimento e até as dificuldades para reconhecer os *tópicos* do partilhante passam por uma etapa analítica. O *filósofo clínico* já não lida com elementos estanques do *partilhante*, mas com o conjunto das relações, isto é, a resultante estrutural das *interseções* existentes nelas.

Os *procedimentos clínicos* elaborados a partir da *análise da estrutura* têm a máxima aproximação com o reconhecimento que o *filósofo clínico* pode ter de seu *partilhante*. Quando feito com respeito ao método proposto pela Filosofia Clínica, o trabalho tende a encontrar maior fluidez. Mas, assim como tudo nessa abordagem terapêutica, isso não é regra geral, e cada caso é um caso, cada *terapia* é um processo singular de *interseções* realizando uma *construção compartilhada* que visa oferecer um bem-estar subjetivo ao *partilhante*.

As interseções da *estrutura de pensamento*

O vigésimo oitavo *tópico* da *estrutura de pensamento* aborda a qualidade das relações do *partilhante*. Trata-se das *interseções de estrutura de pensamento*. É um *tópico* que nos relembra elementos pensados na *expressividade*, no *papel existencial* e nos *princípios de verdade*. Tal proximidade, como veremos, se dá porque as separações são meios didáticos para compreender o *partilhante*, mas são elementos que podem estar em estrito diálogo na *estrutura de pensamento* da pessoa.

Quando falamos em *interseções de estrutura de pensamento* nos referimos à compreensão dos *tópicos* do *partilhante* que se relacionam com os *tópicos* de outras pessoas. O *tópico 28* também pode se referir às *interseções de estrutura* da pessoa com a de lugares, bairros, sindicatos, clubes, empresas etc.

As *emoções* do *partilhante*, por exemplo, podem ser positivas com as *emoções* de sua namorada e negativa na *interseção* com a de sua ex-namorada. O mesmo *partilhante* pode ter o *como o mundo parece* em *interseção* mista com a de um amigo com o qual discute de vez em quando sobre os rumos do país.

Mas, as *interseções* não são apenas referidas a um mesmo *tópico*. Uma pessoa com *o que acha de si mesmo* pode afrontar os *pré-juízos* e a *axiologia* de outra. Por exemplo, alguém que diz que é muito bom em algo e se orgulha disso, pode irritar uma pessoa que considera a humildade uma virtude. Imagine o caso de uma pessoa com uma honestidade (*axiologia*) irrepreensível descobrir que seu colega de trabalho é corrupto porque acha que quem rouba de rico não merece castigo (*pré-juízo*).

É claro que os exemplos são caricatos. As sutilezas são tão presentes quanto os elementos de clareza e a mescla dos *tópicos* nem sempre deixam tão evidentes qual é o *tópico* afetado naquela relação. O *filósofo clínico* deve cuidar para não ter uma análise apressada ou equivocada a respeito de seu *partilhante*. A fidelidade ao método é um bom começo para isso.

Outro aspecto a ser evidenciado é o do caráter circular do método da Filosofia Clínica. As *interseções da estrutura de pensamento* requerem o reconhecimento dos *tópicos* determinantes da pessoa, isto é, da montagem da *estrutura de pensamento*. Porém, também fazem parte da etapa dos *exames categoriais*. Em outras palavras, os passos de reconhecimento são quase concomitantes na prática. A divisão é pura e fundamentalmente didática.

A prática clínica requer uma atenção aos detalhes e a aplicação das etapas quase que ao mesmo tempo. Cada palavra dita deve ser percebida como a manifestação dos aspectos das categorias *assunto imediato, circunstância, tempo, lugar, relação* e *assunto último*, enquanto os *30 tópicos* são também observados, catalogados, registrados.

Se um estudante não assimilar bem todos os elementos constituintes da Filosofia Clínica em sua formação teórica, corre o risco de passar por grandes dificuldades na sua prática de consultório. Enquanto a terapia se desenrola, o *terapeuta* precisa estar atento a cada palavra, gesto, silêncio, histórico, relação etc.

Sobre a matemática simbólica

O vigésimo nono *tópico* da *estrutura de pensamento* é chamado de *dados de matemática simbólica*. Ao longo dos anos de 1990, Lúcio Packter anunciava a *matemática simbólica* como uma etapa dos estudos de Filosofia Clínica adequados aos que já estivessem atendendo, isto é, com experiência de consultório. Seria, portanto, uma etapa "avançada".

A *matemática simbólica* era apresentada como uma proposta que trabalhasse com elementos simbólicos difíceis de elencar pelos demais *tópicos* da *estrutura de pensamento*. Ela seria um passo além das distinções *tópicas*. Essa proposta trouxe equivocidades para a compreensão da própria Filosofia Clínica, como se houvesse um nível "superior" de compreensão. Porém, há um modo menos "etéreo" de compreendê-la.

A *matemática simbólica* surge da inspiração dos estudos que Lúcio fez sobre as ideias do matemático Georg Cantor. Tal como a reflexão sobre a *interseção*, que envolve símbolos para representar a relação entre pessoas ou das pessoas com as coisas, a *matemática simbólica* surge para dar conta de análises dos *partilhantes* cujos símbolos talvez auxiliassem a compreendê-los melhor do que os conceitos.

Porém, podemos pensar a *matemática simbólica* fazendo uma analogia com as palavras que compõem um dicionário. Nosso dicionário atual possui milhares de palavras. Com elas, podemos escrever diversos tipos de textos como os narrativos e os dissertativos. A parte teórica inicial da Filosofia Clínica é como um preparo para conhecer as palavras e, com elas, compor as narrações e as dissertações.

Mas, há âmbitos da existência humana que uma boa narrativa ou uma dissertação bem colocada não são capazes de abarcar. Diante desse limite, a *matemática simbólica* surge como um recurso para outro modo de dispor das palavras do dicionário: a poesia. Portanto, a *matemática simbólica* seria, analogamente, uma "poesia" da Filosofia Clínica. Um meio de compreender algumas características da *singularidade* de cada pessoa.

Todavia, por mais poética que seja a linguagem, as palavras continuam sendo encontradas no dicionário que é a Filosofia Clínica. Os cursos avançados nos quais se abriu o conteúdo da *matemática simbólica* e as palestras públicas a respeito dela mostram que ela continua a obedecer aos rudimentos da *clínica filosófica*, isto é, os *exames categoriais*, a *estrutura de pensamento* e os *submodos*, que é a estrutura de base das reflexões possíveis sobre o *partilhante*. A *matemática simbólica* é um capítulo que pode ser importante para a reflexão da Filosofia Clínica. Mas, seu caráter "avançado" evidencia um modo de discorrer sobre o conteúdo da *clínica filosófica*, talvez um pouco menos apoiado nos *tópicos* da *estrutura de pensamento*, mesmo que seja possível utilizá-los para descrevê-los. Então, isso inviabilizaria ou tiraria a relevância da *matemática simbólica*?

Na verdade, não. Se tomarmos a *matemática simbólica* como um instrumento de diálogo com outros termos sobre o que o *partilhante* nos traz ao consultório, ela pode ser um atalho. Todavia, os *exames categoriais*, a *estrutura de pensamento* e os *submodos* continuam a ser imprescindíveis. A *matemática simbólica*, por sua vez, pode ser um recurso "poético" muito útil se compreendida como um vocábulo que constitui e permanece intrínseco à sua origem.

A autogenia da
estrutura de pensamento

Ao fazer a *análise de estrutura*, o *filósofo clínico* reconheceu que, entre os *tópicos* apresentados pelo *partilhante*, alguns são determinantes e como a *estrutura de pensamento*, como um todo, pode ser compreendida. O *assunto último* é o reconhecimento do tipo de *interseção* que há entre os *tópicos*. Mas, além dos *tópicos* que determinam quem é o *partilhante*, o *terapeuta* precisa reconhecer como se dá a *interseção* em todas as suas dimensões. Trata-se de uma percepção de como se relacionam entre si e em sua totalidade. Para isso, foi elaborado o trigésimo *tópico*, denominado *autogenia*.

Para que isso fosse possível, além de ouvir a história de vida do *partilhante*, o *filósofo clínico* pode aplicar os *dados divisórios*, percebendo os aspectos pouco esclarecidos entre duas afirmações ou acontecimentos. Pode também fazer os *enraizamentos*, isto é, aprofundar em palavras, expressões, ocorridos, reflexões etc., que ainda não estavam claros para o *filósofo clínico* ou para o próprio *partilhante*. O *filósofo clínico* pode fazer isso a fim de ter a maior clareza possível sobre o que ocorre na *estrutura de pensamento* de seu *partilhante* antes de iniciar os *procedimentos clínicos*. E poderá continuar precisando fazer as atualizações após cada intervenção realizada, uma vez que a *estrutura de pensamento* é plástica, móvel, flexível. Ela pode mudar em minutos, horas, dias, anos, décadas.

Portanto, a *autogenia* consiste no reconhecimento dos *tópicos* determinantes nas relações com os demais *tópicos* e nos conteúdos que habitam o mesmo *tópico*. Aqui, o *terapeuta* trabalha concomitantemente com o reconhecimento dos *tópicos* determinantes, da *análise da estrutura*, da *ação*, dos *princípios de verdade*, enfim, sua compreensão deve ter passado por um amplo preenchimento dos aspectos formais com o conteúdo apresentado por seu *partilhante*.

É na *autogenia* que o quadro compreensivo do *partilhante* ocorre. É sabendo como os *tópicos* se relacionam que se torna possível proceder em prol de alterá-los sem que isso afete de modo inesperado os demais. Com cuidado, responsabilidade e seguindo o método, o *filósofo clínico* procede em busca de possibilitar o bem-estar do *partilhante*.

Conforme visto até aqui, todas as etapas estão implicadas. A *autogenia* pressupõe e impõe as demais. Quando nos referimos ao termo *estrutura*, estamos nos referindo a um todo que forma a pessoa. Por isso, o reconhecimento do passo a passo faz sentido enquanto exposição didática. Na prática, as etapas se confundem, e o *filósofo clínico*, ciente disso, formula noções de *autogenias* prévias a cada sessão. Na sucessão de atendimentos, há uma atualização que confirmará ou desbancará as precedentes, seja por compreensão do que antes não ocorria, seja por modificações que os sete dias de intervalo viabilizaram.

Falando em mudanças, a *autogenia* pode ser um *tópico* que se constitui na compreensão das *interseções tópicas* e pode ser um *submodo*, que consiste nas efetivações, nas modificações da *estrutura* antes compreendida. Dito isso,

124

precisamos passar para a compreensão dos *submodos*, etapa fundamental na *clínica filosófica*, na qual o *terapeuta* realiza seus procedimentos conduzindo seu *partilhante* para as *autogenias* e, em alguns casos, ensinando-o a promovê-las por si próprio.

Submodos ou como agimos

No relato de uma clínica genérica que fiz no início deste livro, indiquei e, em seguida, aprofundei os procedimentos iniciais, desde os *exames categoriais* até a montagem da *estrutura de pensamento* e o encontro do *assunto último*. Em seguida, naquele texto, estava dito que: "A maneira de trabalhar esses elementos [do *assunto último*] pode vir da própria pessoa [isto é, do *partilhante*]. Se a pessoa não tiver seu próprio modo para lidar com isso, em um trabalho conjunto o *filósofo* ensinará novas maneiras". Aqui iniciamos a reflexão sobre os *submodos*.

Os *submodos* são modos de agir a fim de viabilizar a *estrutura de pensamento*. Um jovem deseja (*busca*) expressar seu amor (*emoções*) para sua namorada. Para isso, envia flores para ela. Uma moça decide que quer passar em um concurso público (*busca*) para ter estabilidade financeira (*pré-juízo*) e, então, começa a estudar todos os dias após chegar de seu trabalho regular. Uma pessoa se lembra de como era boa sua infância (*deslocamento longo*) e se levanta de seu sofá, pega seu carro e vai visitar sua cidade natal na qual não vai há anos. Estes exemplos são o que chamamos de *submodos*. Algo habita na malha intelectiva da pessoa, é sua *estrutura de pensamento*, e é viabilizada, concretizada, realizada, colocada em curso, pelo *submodo*. Temos em Filosofia Clínica 32 *submodos* para a realização dos *procedimentos clínicos*. São princípios de ação que, combinados entre si, podem gerar incontáveis possibilidades de trabalho. Os *submodos* podem ser tanto ações no mundo físico quanto ações internas e conceituais da própria pessoa, levando a termo novas formas de pensar, sentir, perceber antes de efetivar algum comportamento no mundo.

Além disso, os *submodos* formais podem ser mesclados a uma série de *submodos* informais que já fazem parte da vida do próprio *partilhante*. Por isso, há casos na *clínica filosófica* em que o *filósofo* utilizará o que já é do *partilhante* para lidar com suas questões. Em outras situações, precisará ensinar ou complementar os já existentes com novos.

Há pessoas que usam um ou dois *submodos* para viabilizar toda sua *estrutura de pensamento*. Outros, por sua vez, utilizarão um *submodo* muito bom apenas em uma ocasião e se esquecerão dele, mantendo alguns outros. Há *partilhantes* que usam equivocadamente alguns *submodos* que o prejudicam muito. Enfim, a questão aqui é que os *submodos*, tanto os utilizados pela pessoa quanto os que serão ensinados a ela, deveriam servir para viabilizar a *estrutura de pensamento* dela.

O uso dos *submodos*, assim como a compreensão da *estrutura de pensamento*, é simples do ponto de vista de sua apresentação didática, mas amplamente complexo na prática. A Filosofia Clínica enquanto uma área de atuação eminentemente prática exige um domínio de seus estudantes de todo os princípios metodológicos a fim de que a prática realizada pelos estágios supervisionados – etapa em que o formando atende sob a orientação de um *filósofo clínico* – não sejam mais desafiantes do que já são.

Alguns *submodos* serão utilizados para abranger e aprofundar a *historicidade* do *partilhante*. Outros, em momentos que serão exigidos os procedimentos emergenciais, como em casos de pessoas que ficam com o *raciocínio desestruturado* diante da perda de um ente querido e não há tempo para montar uma *estrutura de pensamento* naquele momento. Haverá, por fim, aqueles que serão utilizados após o *filósofo clínico* reconhecer o *assunto último* e dar início aos *procedimentos clínicos*. O *terapeuta* utilizará ou ensinará novos *submodos* ao *partilhante* de acordo com critérios como a adequação à *estrutura de pensamento*, diálogo com os *submodos* informais já utilizados e com o fim de trabalhar com o *assunto último*. Não há fórmulas prontas para isso. Mas, o método *clínico filosófico* clareia e viabiliza esse processo.

Os capítulos a seguir trabalham os *submodos* a partir dos *procedimentos clínicos*. São omitidos os processos nos quais os *submodos* informais utilizados pelos *partilhantes* podem ser encontrados em suas *historicidades*. Nos exemplos das aplicações submodais, subentende-se que o *filósofo clínico* tenha realizado os *exames categoriais*, montado a *estrutura de pensamento*, reconhecido os *submodos* que o *partilhante* já utiliza e esteja aplicando os *submodos* em vista de trabalhar o *assunto último*.

A tábua de *submodos*

- *Submodo 1* – Em direção ao termo singular
- *Submodo 2* – Em direção ao termo universal
- *Submodo 3* – Em direção às sensações
- *Submodo 4* – Em direção às ideias complexas
- *Submodo 5* – Esquema resolutivo
- *Submodo 6* – Em direção ao desfecho
- *Submodo 7* – Inversão
- *Submodo 8* – Recíproca de inversão
- *Submodo 9* – Divisão
- *Submodo 10* – Argumentação derivada
- *Submodo 11* – Atalho
- *Submodo 12* – Busca
- *Submodo 13* – Deslocamento curto
- *Submodo 14* – Deslocamento longo
- *Submodo 15* – Adição
- *Submodo 16* – Roteirizar
- *Submodo 17* – Percepcionar
- *Submodo 18* – Esteticidade
- *Submodo 19* – Esteticidade seletiva
- *Submodo 20* – Tradução
- *Submodo 21* – Informação dirigida
- *Submodo 22* – Vice-conceito
- *Submodo 23* – Intuição
- *Submodo 24* – Retroação
- *Submodo 25* – Intencionalidade dirigida (filtro)
- *Submodo 26* – Axiologia

- *Submodo 27* – Autogenia
- *Submodo 28* – Epistemologia
- *Submodo 29* – Reconstrução
- *Submodo 30* – Análise indireta (função, ação, hipótese, experimentação)
- *Submodo 31* – Expressividade
- *Submodo 32* – Princípio de verdade

Deixando as generalizações

O primeiro *submodo* é o *em direção ao termo singular*. Trata-se de uma orientação a partir da qual o *filósofo clínico* agenda em seu *partilhante* imagens, verbos mentais e conceitos. Isso pode ocorrer por meio de *agendamentos* diretos ou por condução da reflexão do *partilhante* até que chegue a tais conclusões. São processos em que se substituem termos como "Os homens traem" para "Meu namorado me trai". É um *submodo* que encaminha o *partilhante* para um dado específico.

Portanto, o *filósofo clínico* utiliza o *em direção ao termo singular* em vista de chegar ao dado específico. Com isso, o *partilhante* pode obter clareza sobre um *termo unívoco*, detalhes sobre um *pré-juízo* generalizante, precisão acerca de um *termo agendado no intelecto* que precisa ser trabalhado.

Em uma sessão, o *filósofo clínico* pode tomar afirmações com o *termo universal*, como "Não se pode confiar em ninguém", e levantar questionamentos, como "De quem você está falando? Tem algum exemplo em que sua confiança foi traída? Isso se aplica a todas as pessoas com as quais você tem alguma relação?" Nesse caso, o *termo universal* está vinculado a um *pré-juízo*. Mas, os casos podem englobar diversos outros *tópicos* da pessoa.

Alguns procedimentos que o *filósofo clínico* (Fc) pode realizar diante de algumas frases emitidas pelo seu *partilhante* (P) são:

1) P – As pessoas me cobram.

Fc – Quem cobra você?

2) P – Preciso cuidar de tudo na empresa.

Fc – Do que você precisa cuidar?

3) P – Já disse tudo o que acontece, mas ninguém entende.

Fc – E o que é que acontece?

Veja que, nos três exemplos, o *filósofo clínico* buscou especificações. É claro que o primeiro *submodo* se presta a incontáveis funções, sobretudo ao ser aplicado junto com outros. As variáveis e a complexidade das aplicações *submodais* dependerão de como e o quanto a *estrutura de pensamento* do *partilhante* comporta.

Do singular ao universal

O segundo *submodo* é denominado *em direção ao termo universal*. Tal como o primeiro *submodo*, nos lembra do *tópico termos: universal, particular, singular* e, como este, não é constituído de mera proposição lógica. Trata-se de um termo que revela um aspecto da *estrutura de pensa-*

130

mento e somente deve ser utilizado com a segurança de ter aplicado as etapas iniciais da *clínica filosófica*.

O *em direção ao termo universal* é aplicado a fim de esgotar o assunto em toda a sua extensão. Em outras palavras, o objetivo desse *submodo* é levar o *partilhante* a um termo que possa englobar a totalidade dos elementos daquilo sobre o qual discorre.

Enquanto a finalidade do *em direção ao termo singular* é levar ao dado atômico, mais específico possível, o segundo *submodo* visa generalizar o dado. Trata-se da busca por abranger o máximo de aspectos, classificar em grandes grupos, ordenar em esquemas maiores, organizar em dados gerais e ampliar, ao máximo, o tema trabalhado. Exemplo:

P – Minha vida é péssima.

Fc – O que você considera péssimo em sua vida?

P – Ah, o fato de procurar emprego todos os dias e não encontrar. Odeio ficar desempregado.

Fc – E na atual situação de nosso país, o desemprego é um problema que só você passa?

P – É claro que não! Há milhões de desempregados no país. É uma situação triste.

Fc – Então, todos eles consideram suas vidas péssimas?

P – Acho que não. Muitos acreditam que vão sair do desemprego e que isso é uma questão de tempo e perseverança.

Fc – E você concorda com pessoas que pensam assim.

P – Acho que concordo. Não posso desanimar. Devo continuar tentando.

Neste caso, o *partilhante* foi levado a passar da convicção de que sua vida é péssima (*em direção ao termo singular*) porque não encontra emprego, para a reflexão de que há muitos desempregados (*em direção ao termo universal*); e que o fato de muitos deles não acreditarem que suas vidas são péssimas devido ao desemprego e perseverarem na busca o leva a pensar que não deve desanimar. Nesse breve relato é possível encontrar indícios de vários *tópicos* envolvidos, como: *o que acha de si mesmo, busca, como o mundo parece* e *comportamento e função*.

Por isso, embora teórica e didaticamente sejam aplicações simples de *submodos*, o *filósofo clínico* deve ter em mente que só deve aplicar quando tiver a *historicidade* e a *estrutura de pensamento* de seu *partilhante*. Caso contrário, pode fazer um grande estrago. Todo *procedimento clínico* é fruto de um estudo aprofundado do *partilhante*, pensado com antecedência e sua aplicação é acompanhada a fim de poder mudá-la de acordo com a reação do *partilhante*.

Ao alcance dos sentidos

O terceiro *submodo* é *em direção às sensações*. Por sensações, compreendemos todo estímulo que promove a impressão em algum ponto ou órgão receptor que, por sua vez, leva essa informação ao sistema nervoso central. Com isso, há um processo sensorial que pode vir em forma de bem-estar, prazer, dor, frio, sede, arrepio entre inúmeros outros. Isso é uma sensação.

Ao utilizar *em direção às sensações*, o *terapeuta* visa levar seu *partilhante* de uma abstração para uma sensação, destacando um ou mais dos cinco sentidos: tato, olfato, paladar, audição e visão. Portanto, por meio desse procedimento, o *partilhante* poderá ser convidado a relatar ou a experienciar o cheiro, o gosto, o sabor, o aroma, a textura e o toque.

O *filósofo clínico* usa isso no consultório convidando o *partilhante* a beber uma água ou café e relatar o sabor, a temperatura, a textura e o peso do copo, o que sente quando engole o líquido etc. Também pode convidá-lo a falar sobre a temperatura da sala, da sensação do vento que entra pela janela e do quão confortável pode ser a poltrona onde está sentado. Há ainda a possibilidade de o terapeuta tocar o braço, as mãos ou até a cabeça de seu *partilhante* e pedir que relate a temperatura da mão, a pressão que ela exerce etc.

No caso do toque, o *filósofo clínico* deve se atentar para o significado que aquele toque pode ter para a pessoa. Haverá quem interprete de modo invasivo ou até sexual tal procedimento. Neste caso, tal ação pode ser prejudicial para a *interseção* e, sem dúvida, para o andamento da clínica. Por isso, o *terapeuta* deve atentar-se para os procedimentos mais adequados para cada *partilhante*.

Há, ainda, casos em que um *partilhante* não suportaria sair das abstrações para vivenciar seus dados sensoriais. O que levou uma pessoa a viver nas abstrações costuma aparecer com clareza durante os *exames categoriais* e na montagem da *estrutura de pensamento*.

Por fim, o *filósofo clínico* deve estar atento sobre a finalidade de todo *procedimento clínico* planejado. O *assunto último* deve estar claro diretamente ou com o máximo de aproximação. Nem sempre será o *assunto último* o primeiro aspecto a ser trabalhado. Há casos em que o *terapeuta* precisará trabalhar nas "periferias" da questão. No âmbito teórico, as possibilidades são vastas e não é possível especificar tudo. Na prática isso também ocorre, mas o caso específico é o caminho que clareia e exemplifica concretamente a questão. O *filósofo clínico* que segue o método da melhor maneira possível saberá o que fazer em cada caso.

Explorando as abstrações

O quarto *submodo* é *em direção às ideias complexas*. Enquanto os dois primeiros *submodos* nos remetiam a caminhos lógicos de mudança de palavra para singular ou universal, agora estamos diante de uma corrente mais empirista da filosofia com pensadores como Hume e Locke.

A partir desses autores, a Filosofia Clínica nos ensina que formamos ideias a partir da experiência sensível. Porém, na medida em que essas ideias começam a interagir, compondo nossas ideias e juízos, sua complexidade aumenta e a pessoa fica cada vez mais afastada dos dados dos sentidos e mais focada em abstrações. Portanto, *em direção às ideias complexas* é um processo de encaminhamentos para dados afastados dos sentidos.

Há pessoas, algumas das quais têm o *tópico abstrato* como predominante, que utilizam este *submodo* para, por exemplo, lidar com as dores existenciais. Entre elas, pode haver aqueles que preferem discutir as questões do ser, do nada, do absoluto, de Deus em seus graus mais complexos e abstratos e nesse "lugar" elas se sentem bem.

O *filósofo clínico* pode usar o quarto *submodo* para tirar o indivíduo de um incômodo. Alguém que, por exemplo, tenha ido *em direção às sensações* e acabou de tocar em um sapo. O nojo ou medo que aquele toque suscitou pode não ajudar a pessoa a lidar com aquela situação. Diante disso, o *terapeuta* pode pedir que o *partilhante* conte sobre aquela dúvida que ele ficou ao tentar resolver um problema de física teórica.

Há ainda a possibilidade de que algumas questões do *partilhante* se encontrem justamente nas ideias complexas e o *filósofo* tenha que trabalhá-lo na mesma instância em que elas estão. Pessoas que, por exemplo, estão em conflito com seus *pré-juízos* e *como o mundo parece*, mas somente nas esferas da reflexão. Nesse caso, os *tópicos* predominantes do sujeito estão longe do *deslocamento curto* ou até da própria *recíproca de inversão*, precisando, portanto, mantê-la em *inversão*.

Há diversos meios de conduzir a pessoa *em direção às ideias complexas*. Pode ser um livro, um filme, o enunciado de um problema, o relato de uma história, uma sensação que derive para as ideias etc. Cada uma dessas e inúmeras outras possibilidades estão elencadas nos *submodos* apresentados pela Filosofia Clínica e podem ser acrescentadas com os *submodos* informais do próprio *partilhante*.

Entre os prós e os contras

O quinto *submodo* que a Filosofia Clínica nos apresenta é chamado de *esquema resolutivo*. Trata-se de um modo de esquematizar uma questão em busca de levá-la a uma resolução. O *esquema resolutivo* é constituído da questão a ser trabalhada, das opções de resolução, seguida dos ganhos e perdas subjetivas em cada uma das opções. Quando os ganhos são maiores do que as perdas em determinada opção, ela é considerada válida. Mas, se os ganhos forem menores do que as perdas nas opções, então são consideradas nulas ou são canceladas.

Ao longo de semanas ou meses, o *terapeuta* conclui que o *assunto último* de seu *partilhante* consiste em um conflito entre os *tópicos emoções* e *busca*. Ou seja, é um jovem apaixonado por sua namorada que recebe o convite para trabalhar em outro estado. Sua namorada não pode ir porque está estabilizada em uma empresa e também cuida de sua mãe doente. O jovem se vê em conflito porque a proposta de emprego é para trabalhar em uma função que sempre sonhou e em uma empresa para a qual envia currículos há, pelo menos, três anos.

A *busca* relacionada ao emprego e a *emoção* no amor pela namorada. Na *clínica filosófica* não há certo e errado, melhor e pior, o que deve ou não ser feito. Pelo menos não há no sentido pré-determinado. Os parâmetros encontram-se na *estrutura de pensamento* do *partilhante*. No caso do jovem, se o *tópico 24 – hipótese –* estiver presente, o *esquema resolutivo* pode ajudar. Assim, ele pode elencar os prós e os contras de arriscar seu namoro para ir à busca de seu sonho ou ficar em sua cidade e deixar seu sonho para depois ou reformulá-lo.

Uma das orientações para a aplicação do *esquema resolutivo* é que as opções devem aparecer no singular, devem ser usados *termos unívocos*, de preferência, voltados ao *sensorial*, as considerações devem estar no presente e o conteúdo do *submodo* precisa fazer parte da pessoa, tanto o conteúdo ser de sua história quanto os termos devem ser os mais utilizados comumente por ele.

É claro que as orientações não são rígidas. Há uma adaptação a cada *partilhante*. O *submodo* se adapta à pessoa e não ao contrário. O *partilhante* que só considera os ganhos pode quase anular a questão com muitas perdas. Há quem veja mais perdas do que ganhos, mas por outros *submodos* acabe optando por arriscar-se no caminho da perda. O *partilhante* pode surpreender o *terapeuta* com uma opção inesperada.

Por fim, o *filósofo clínico* deve ter em mente que a *estrutura de pensamento* comporta esse tipo de *submodo*. Há quem viabilize sua vida por outros *submodos* pouco voltados à análise do conjunto. Há quem escolha por um caminho sem muita reflexão e vai corrigindo sua rota na medida em que os problemas aparecem. O respeito à *singularidade* é fundamental na *clínica filosófica*.

Em vias de desfecho

O sexto *submodo*, intitulado *em direção ao desfecho*, tem por finalidade levar um raciocínio, uma tarefa, uma vivência ou algo dessa natureza ao fim, ao desfecho. Não se trata de um fim absoluto. Pode ser o fim temporário de algo que precisa daquele momento de um desfecho. É como levar uma sentença a seu ponto final.

O *filósofo clínico* conduz o *em direção ao desfecho* como o prosseguimento de uma fala – seja ela um raciocínio, um relato, uma vivência etc. – até seu esgotamento. Tais falas podem ser expressões de *pré-juízos*, de *termos agendados no intelecto*, de *emoções* e de tantos outros elementos que constituem a *estrutura de pensamento* do *partilhante* e precisem ser trabalhados na *clínica*.

O *terapeuta* se vale de termos como "E agora? O que acontece? E então? E o que você faz em seguida?" para que o *partilhante* continue seu raciocínio até a chegada de sua desconstrução, se este for o caso, ou a efetivação de um ato. A ação do *filósofo clínico* é um incentivo para que seu interlocutor dê continuidade ao raciocínio ou argumentação, a fim de levá-lo à resolução de tal assunto ou a uma ação concreta. Conforme dito, o intento não é um desfecho irrevogável. Pode ser um ponto final temporário.

Suponhamos que um *partilhante* cujo *tópico 9* é determinante como *discurso incompleto* devido a um relacionamento que, para ele, não acabou e o *filósofo* veja no sexto *submodo* um meio de tirá-lo dessa falta de conclusão. Nesse caso, o *partilhante* pode ser levado a relatar sua última briga com a ex-namorada e relatar tudo o que aconteceu com ambos para que ele se dê conta de que a vida de ambos é a prova de que a relação não existe mais e, após esse ponto final, ele precisa continuar sua vida. Nesse caso, não foi utilizado o *discurso completo*, o que poderia indicar que o *em direção ao desfecho* seria mais adequado porque, no caso exemplificado, nada nos diz que o *discurso incompleto* possa ser um *tópico* presente apenas ou predominantemente na *interseção* entre o *partilhante* e sua ex-namorada. Ou seja, haverá casos em que o *submodo* não será utilizado por toda a vida da pessoa e os *tópicos* determinantes não sejam os mesmos em todas as *circunstâncias* de vida da pessoa.

Voltando-se para si

O sétimo *submodo* é a *inversão*. Enquanto a *inversão* como *tópico* é o reconhecimento do que habita a pessoa, o que constitui sua *estrutura de pensamento*, como *submodo* é direcionado a trabalhar algumas questões do *partilhante*. O uso do *submodo* pode coincidir com o *tópico*. Porém, nem sempre isso ocorre. A *inversão* pode justamente ser um meio submodal de alguém que vive predominantemente em *recíproca de inversão* se perceber, trabalhar-se etc.

Portanto, a *inversão* é um meio de levar o *partilhante* às coisas dele, isto é, para sua pele, ossos, sensações, sentimentos, pensamentos etc. Há casos em que o sujeito, mesmo inversivo, tem uma percepção equivocada sobre si, como no seguinte exemplo:

P – Eu não consigo fazer nada, não concluo nada que começo. Me acho uma inútil.

Fc – Como foi no trabalho hoje?

P – Atendi um monte de clientes. Tinha muita gente chata. Eu lido com muitas pessoas. Teve gente já até querendo me subornar para adiantar os serviços. Às vezes, não aguento.

Fc – Ficaram muitos problemas pendentes no trabalho.

P – Não. Consegui resolver tudo.

Fc – E nenhum cliente agradeceu por isso?

P – Sim. Alguns reconhecem nossos serviços.

Fc – E eles reconhecem porque havia um problema e você resolveu.

P – É isso mesmo...

Fc – Então, no seu trabalho, você toma problemas que não são seus e vai até o fim para resolver...

P – Isso. Faço meu trabalho direito.

Fc – E na sua casa, as coisas ficam pela metade ou não são concluídas?

P – São sim. Faço tudo em casa. Ainda ajudo minha tia a fazer as coisas dela.

Fc – Então, você faz seu trabalho, o trabalho de casa e ainda ajuda sua família.

P – Sim. É verdade. Não tinha pensado por esse lado.

Fc – E o que faz você pensar que não conclui nada?

P – Na verdade, é um trabalho de engenharia que não quero fazer. Não me interesso mais por essa área. Toda vez que olho pra ele fico desanimada.

Fc – Então seria injusto você achar que não faz nada ou que seja inútil se não faz algo que não quer fazer enquanto faz outras coisas até concluir.

P – É verdade. Acho que me cobro demais nisso e não vejo o que faço realmente.

Neste caso, todo o trabalho foi voltado para a *inversividade* da partilhante. Mas, haverá outros casos em que a *inversão* será um recurso para quem está mais em outras *espacialidades* e precisa voltar-se a si por alguma razão. No caso da terapia, para trabalhar o *assunto último*.

Direcionando-se ao outro

A *recíproca de inversão* é o oitavo *submodo* possível a ser usado na *clínica*. Trata-se de um movimento em direção ao outro, de uma *espacialidade intelectiva* em direção ao outro com o qual se estabelece alguma *interseção*. Nesse processo, a pessoa deixa sua inversividade – seu corpo, seus pensamentos, sua autopercepção, seu mundo próprio existencial – e se dirige ao outro. Assim, passa a perceber as coisas do ponto de vista existencial do outro.

Mas, é importante lembrarmos de que a *recíproca de inversão* não consiste em viver com ou no lugar do outro. Conforme sabemos, do outro a maior aproximação que conseguimos é uma *representação da representação*. Isso acontece tanto para o *filósofo clínico* quanto para qualquer outro. Porém, ainda assim, a *recíproca de inversão* é um modo de a pessoa sair de si em direção ao outro.

No consultório, a *recíproca de inversão* pode ser um modo de o *terapeuta* trazer o *partilhante*, que pode estar em abstrações, para a *terapia*. O *tópico – espacialidade intelectiva* nos ensina justamente que nem sempre nosso corpo, nossa localização geográfica, coincide com nossa localização existencial. Podemos estar em *inversão*, em *recíproca de inversão*, em *deslocamento curto* e em *deslocamento longo*.

O *partilhante* pode chegar ao consultório e estar tão voltado para suas preocupações em casa (*deslocamento longo*), ou para sua taquicardia por ansiedade (*inversivo*) que o *terapeuta* precisará chamar atenção para si. Ele pode fazer isso utilizando algumas palavras de seu *partilhante*, pode contar algo que aconteceu consigo e que faz parte dos assuntos de interesse dele, e assim por diante.

Houve um caso que atendi, no qual a *partilhante* era bastante inversiva e logo ia para as ideias complexas e começava a construir significados que a deixava com *o que acha de si mesma* bastante destruído. Após meses de *exames categoriais* e montagem de sua *estrutura de pensamento*, vi que um dos modos de reestabelecer seu *tópico 2 – o que acha de si mesmo* – era fazendo a devolução para ela de sua própria vida. Como ela se via por meio dos *significados* ruins que se atribuía, precisei trazê-la para mim. E o meio para isso foi contar sua própria história mostrando aspectos que ela não se atentava e que constituíam pontos muitos positivos para aquilo que ela achava sobre ela. Foram semanas de *terapia* mostrando o quanto destoava aquilo que ela me contava sobre ela e o que ela significava disso tudo.

Obtendo mais informações

O nono *submodo* está presente na prática clínica desde a colheita da *historicidade*. Trata-se da *divisão*. Após o *partilhante* contar sua história de vida desde seu nascimento até os dias atuais é comum que fiquem várias lacunas tanto de acontecimentos quanto temporais. Para preencher esses espaços, o *filósofo clínico* aplica a *divisão*.

No decorrer dos *exames categoriais* os dados divisórios são aplicados com bastante frequência. O *partilhante* que contou sua vida até seus 32 anos pode ter deixado de contar diversas passagens de sua adolescência. Neste caso, o *filósofo clínico* poderá fazer perguntas como: "Conte o que houve entre seu início no ensino médio até a entrada na faculdade"; "Você dizia que teve uma namorada no segundo ano do ensino médio e que terminaram assim que passou para o terceiro ano. Fale sobre esse período". O ideal aqui é que o *filósofo* utilize as próprias palavras do *partilhante* para que não corra o risco de agendar indevidamente e desvirtuar a compreensão de sua história de vida.

Em suma, a *divisão* serve para preencher lacunas que podem oferecer ao *terapeuta* conteúdos necessários para compreender seu *partilhante*. As lacunas podem aparecer propositadamente ou como fruto da "edição" que se esquece de determinados conteúdos. No caso de ser proposital, o *terapeuta* fica atento para não tocar em conteúdos que o *partilhante* omitiu por ser uma fase ou acontecimento de sua história que a omissão foi a melhor maneira de superá-la.

No caso do uso da *divisão* na etapa dos *procedimentos clínicos*, há diversas finalidades. Uma delas é a de intensificar um momento bom na vida do *partilhante*. Um casamento, por exemplo, pode ser um momento de realização cuja lembrança vale a pena ser estendida. Então, todos os detalhes podem ser relembrados. O mesmo pode valer para uma festa de formatura, o nascimento de um filho, a publicação de um livro etc. A vivência de um evento pode ser um *remédio existencial* para o *partilhante*.

Também pode ocorrer que um final de semana seja lembrado por momentos ruins e o *filósofo* utilize a *divisão* para que os momentos bons sejam mais destacados do que os ruins. Nesse sentido, o *terapeuta* pediria que o *partilhante* contasse o que ocorreu entre um momento A e um B no qual ele só lembre a parte boa.

Por fim, e não esgotando as possibilidades de uso deste *submodo*, pode-se usá-lo para entender melhor o que ocorreu em um momento da vida da pessoa. Momentos em que a memória precisa ser reavivada para que se compreenda a causa ou os desdobramentos de determinado acontecimento.

Indo às razões

O *submodo* número 10 é a *argumentação derivada*. Trata-se de uma forma utilizada por aqueles que se valem dos raciocínios, dos que buscam razões de ideias ou comportamentos. Esse *submodo* é praticado por meio de perguntas como "Por quê? Qual é a causa? Por qual motivo?", entre outros.

No início das pesquisas de Lúcio Packter, mencionamos o fato de suas perguntas darem margem para respostas racionais. Em uma dessas perguntas ele utilizava justamente o "Por quê?" O que pode aparentar ser uma pergunta sem grandes consequências é capaz de modificar o discurso do *partilhante*.

Além disso, pode ser um *submodo* invasivo para pessoas que não tem *tópicos* como o *raciocínio* como determinantes. Acreditar que todo ser humano tem um "porquê" na vida é uma generalização apressada. Há pessoas que pautam suas vidas por *emoções, pré-juízos, buscas* etc., e nenhuma delas configurar qualquer "razão" que as fundamente. Nesses casos, a regra é a da *singularidade*.

Há situações em que a *argumentação derivada* não se aplica nem em casos nos quais o *filósofo clínico* encontrou o *assunto último* no *tópico comportamento e função*. Isto ocorre porque agir em prol de cumprir uma *função* na *estrutura de pensamento* não necessariamente é algo construído com raciocínios, noções de causa e efeito. Inclusive, isso pode ser o motivo de, em alguns casos, haver um *comportamento* equivocado a cumprir uma *função* necessária para a pessoa.

Vamos a um exemplo:

Fc – Na sessão da semana passada, você disse que tinha pegado o carro de seu amigo e ido para a festa de seus colegas.

P – Isso mesmo.

Fc – E você disse que seu amigo brigou com você.

P – É verdade. Brigamos. Foi uma briga feia.

Fc – Fale-me mais sobre a briga?

P – Peguei o carro sem pedir. Sabia onde estava a chave. Fui sem avisar. Ele ficou bravo.

Fc – Por que você pegou sem pedir?

P – Estava bravo com ele. Ele tinha se encontrado com uma ex-namorada minha.

Neste caso, o *comportamento e a função* estavam evidentes. O *filósofo clínico* só aplica esse tipo de *submodo* por reconhecer que ela cabe no *procedimento clínico* com esse *partilhante*.

Preenchendo as lacunas

O décimo primeiro *submodo* é o *atalho*. O *atalho* pode ser um meio sutil de trabalhar ao longo das sessões e, inclusive, para alguns *procedimentos emergenciais*. Não raro, o *partilhante* entra em contato com o *filósofo clínico* por ligação ou aplicativos de mensagem pedindo ajuda em alguma situação, decisão ou solução de um impasse. Se o *filósofo clínico* não realizou adequadamente os *exames categoriais* e montou a *estrutura de pensamento* da pessoa que o procurou, qualquer aplicação submodal inadequada pode causar um estrago. Nesse caso, o *atalho* pode ser uma opção. Diante de uma situação emergencial, perguntar "O que você acha?" pode ajudar o *partilhante* a encontrar seu caminho naquela situação.

O termo "achar" nos remete a uma opinião. Nas obras de Platão ela aparecia com o termo grego "doxa", oposta a

146

"episteme". Ou seja, para Platão a opinião era contrária ao conhecimento. Atualmente, essa distinção continua presente. Uma opinião sobre um fato é destituída de valor diante de um "conhecimento" científico. Mas, para a Filosofia Clínica a opinião pode ter uma aplicação bastante eficaz.

O *atalho* é usado com o fim de dar respostas ou preencher lacunas que não encontram outros elementos "sólidos" para preenchê-los ou exigem um tempo que a *terapia* naquele momento não dispõe. Se um *partilhante* chega a um ponto da sessão em que diz não saber, não fazer ideia, que não se lembra, que deu um branco, ou que simplesmente não tem resposta, o *atalho* pode ser utilizado. Não se trata da busca por uma resposta exata, mas uma que permita que o trabalho clínico tenha continuidade.

No caso em que a *divisão* não funcionou porque o *partilhante* não tem noção do que possa ter ocorrido entre dois eventos, o *filósofo clínico* pode pedir que ele imagine, crie, invente algo. Esta resposta por aproximação pode preencher o intervalo com algo sem consequências para o andamento da terapia ou pode levar a um desdobramento e conduzir a *clínica* por caminhos importantes.

Além de preencher lacunas, o *atalho* também serve como um atalho mesmo. Em outras palavras, o *terapeuta* pode pedir que a pessoa resuma o relato de determinado evento em uma frase para que cheguem ao fato importante a ser relatado. É uma opinião que pode abrir caminho para a continuidade do trabalho. Pode servir como um procedimento de desbloqueio.

Nem sempre o *atalho* é bem recebido pelo *partilhante*. Há casos em que isso possa afrontá-lo. Mas, pode ser que uma devolução mais insistente da mesma pergunta acrescida de um "Dê um palpite! Chute!" possa resolver. Se o *filósofo* deve ou não insistir, é a prática, a atenção e o estudo que podem dizer.

Em vias de realização

A *busca* é o décimo segundo *submodo*. Enquanto *tópico*, a *busca* se refere a um conceito, ainda que repleto de força, diferente da *paixão dominante* que é frequente e sem característica de efetivação. Mas, a *busca* como *submodo* tem a ver com os exercícios intelectivos ou empíricos que a pessoa realiza para viabilizar sonhos, projetos.

Na *clínica filosófica*, a efetivação da *busca* pode ocorrer de diversos modos. O *filósofo clínico* pode ter que auxiliar em todo o processo em que a *clínica* ocorrer. Será um caminhante lado a lado. Mas, haverá casos em que o *terapeuta* caminhará "de longe", como alguém de referência, mas sem se intrometer com maiores movimentos. Pode também acontecer de o *filósofo clínico* ser um orientador a dar as coordenadas para uma *busca* que, enquanto *tópico*, não estava tão clara.

A *busca* pode precisar do auxílio do *em direção ao termo singular* para saber os passos específicos a dar. Pode se valer de *em direção* às sensações para experienciar melhor o caminho realizado. Pode ainda utilizar um *esquema re-*

148

solutivo para ter certeza de que está indo no caminho mais a favor de seus sonhos. Haverá ainda a possibilidade de usar o *em direção ao desfecho* para esgotar as ideias que o incapacitam de pensar claramente. Pode ocorrer de, na falta de uma estratégia muito clara, o *atalho* servir para que haja um passo, ainda que provisório, e o *partilhante* possa iniciar sua trajetória.

Os 32 *submodos* são aliados que, combinados, podem formar diversos meios de efetivação de uma *busca*. Nesse caminho, *filósofo* e *partilhante* fazem uma *construção compartilhada* no período em que durar a *terapia*. O *filósofo clínico* é um auxiliar que cede seu tempo, conhecimentos, estudos, atenção e escuta para que o *partilhante*, durante um período de sua existência, possa seguir em frente.

No processo de construção da *busca*, o *filósofo* pode reforçar *tópicos* que auxiliem o processo. Uma pessoa pode ter como sonho ser um professor, mas ter como *o que acha de si mesmo* uma noção de si como alguém incapaz, tímido e pouco estudioso. Em casos assim, pode ser que o reforço do *tópico 2 – o que acha de si mesmo* – seja fundamental para viabilizar a *busca*. Enfim, os caminhos são variados, sem fórmulas, modelos prontos, apenas o inédito contínuo do encontro entre *filósofo clínico* e *partilhante*.

Ao alcance dos sentidos

Durante a colheita da *historicidade*, o *filósofo clínico* percebe, entre os demais *tópicos*, a *espacialidade intelectiva* de seu *partilhante*. Há casos em que a pessoa tem como determinante o *deslocamento curto*. Como o *filósofo* percebe isso? Os relatos do *partilhante* vão se referindo continuamente às coisas próximas dele nos ambientes onde frequenta: a organização dos objetos, a disposição dos móveis, a beleza de um jardim, a forma dos livros de uma biblioteca, o tamanho dos prédios de sua rua etc. São relatos de objetos próximos dos sentidos.

Quando nos referimos ao décimo terceiro *submodo*, o *deslocamento curto*, deixamos o dado *conceitual* da *estrutura de pensamento* e partimos para o *termo*, a prática da pessoa e da clínica. Levar uma pessoa a realizar um *deslocamento curto* possui incontáveis funções. Mas, em geral, ela pode ser utilizada para reforçar quando já faz parte da pessoa ou para tirar a pessoa de outras *espacialidades intelectivas* que são o *deslocamento longo*, a *inversão* e a *recíproca de inversão*. As finalidades para tais movimentos virão do que o *filósofo* encontrar após os processos clínicos iniciais.

Portanto, o *deslocamento curto* é um modo de o *partilhante* viver as coisas próximas de sua subjetividade, se refere às vivências objetivas, aos dados próximos do sensorial, aqui e agora. Pois, há situações em que é necessário conduzir a pessoa à vivência do que está próximo, de levá-la a perceber o que está ao seu redor e não de si mesmo propriamente.

Quando surge como alternativa de mudança de *espacialidade*, trata-se de tirar o foco de si (*inversão*), do outro (*recíproca*) ou de uma lembrança ou pensamento distante (*deslocamento longo*), voltando-o para o que está ao alcance dos sentidos (*deslocamento curto*). Por exemplo, um *par-*

tilhante que, via *inversão*, vai *em direção às ideias complexas* e começa a sofrer criando cenários ruins e vivenciando-os. Nesse caso, conhecendo coisas próximas dessa pessoa que possam fazer sentido para ela, o *filósofo* pode estimulá-la a se voltar para tais coisas. Supondo que o sujeito goste de roupas, perguntar sobre a camisa que está vestindo pode fazer esse *deslocamento curto*. Assim também pode ocorrer ao apontar para um livro que esteja na estante do consultório para alguém que goste de ler.

Para exercitar esse *submodo*, o *filósofo* pode levar seu *partilhante* a dar uma volta no parque da cidade e pedir que olhe para as plantas, os jardins, as estátuas etc. Isso pode tirar a pessoa de ideias complexas, de ansiedades em relação a um futuro sobre o qual construiu hipóteses bastante desesperadoras, para aliviar a tensão de uma preocupação em relação à doença de um ente querido e para incontáveis outras finalidades.

Frases simples como "Que camisa bonita!", "Olha o lustre novo que coloquei nesta sala", "Viu que carro bonito é aquele?", "Você veio com relógio hoje", "Aquela planta acabou de florir", podem tirar o indivíduo de diversos focos em coisas que não o faziam bem e, naquele momento, talvez nem tivesse condições de resolver.

Indo além

Ao contrário do *deslocamento curto*, o décimo quarto *submodo*, *deslocamento longo*, tira o *partilhante* dos dados imediatamente próximos dos sentidos e o leva a regiões distantes como as lembranças passadas e as projeções futuras. Assim como os demais *submodos*, o *deslocamento longo* possui uma miríade de funções na *clínica* tanto quando usado de modo isolado quanto, e principalmente, ao ser utilizado em diálogo com os demais. Mas, para fins didáticos, vamos apontar apenas algumas dessas possibilidades.

Com o *deslocamento longo*, o *terapeuta* pode levar a pessoa a lidar com elementos fora do alcance de seus sentidos. Portanto, são percepções realizadas sem a presença física do objeto experienciado. Assim, o *filósofo* pode levar o *partilhante* para a vivência de momentos agradáveis em seu passado ou construir um futuro possível.

Aliado a outros *submodos* como *divisão* ou fazendo *enraizamentos*, o *partilhante* pode ser levado a vivenciar um período de sua história a fim de suscitar um bem-estar, mas também pode ser usado para trabalhar em prol de modificar um *termo agendado*, um *pré-juízo* ou até qualificar uma *interseção*. Como se pode notar, o *deslocamento longo* já faz parte dos procedimentos iniciais da *clínica filosófica* desde a colheita da *historicidade*.

Em relação às projeções, o *deslocamento longo* pode levar o *partilhante* a formular melhor suas *buscas*, a pensar *hipóteses* a fim de refletir sobre qual caminho decidir (*esquema resolutivo*), a conduzir o pensamento sobre iniciar uma ação até seu fim (*em direção ao desfecho*). Tudo isso pode servir a diversas finalidades clínicas. Desde a desconstrução de um *tópico*, até sua reelaboração, reorganização, ajustamento, equiparação etc.

Os cuidados em relação ao *deslocamento longo* são semelhantes ao uso dos demais. Em primeiro lugar, deve caber na *estrutura de pensamento* da pessoa, isto é, fazer sentido para ela. Em seguida, deve ter um fim devidamente projetado pelo *filósofo clínico*. Além disso, deve ser acompanhado para ver como serão os desdobramentos de sua aplicação na vida do *partilhante*. Sem esses e inúmeros outros cuidados, os *procedimentos clínicos* podem conduzir a mais prejuízos do que a benefícios. É por isso que somente o conhecimento teórico da Filosofia Clínica não habilita ninguém a exercê-la. Tal como áreas como a medicina, que precisa de estágios e residência, a *clínica filosófica* precisa da clínica pessoal – *pré-estágio* – atualizada e de *estágios supervisionados* acompanhados de perto por um *filósofo clínico* experiente em atendimentos.

Adicionando elementos

O *submodo* sobre o qual falaremos agora é chamado de *adição*. Como o nome indica, é um termo muito utilizado na matemática e seu sentido na *clínica filosófica* possui semelhanças. Na *adição*, a pessoa considera as coisas por medidas, pesos, exatidões, perspectivas exatas; estruturações matemáticas, numéricas, quantitativas. A experiência é um dado mais contábil e menos estético. Palavras como *mais*, *vale*, *quantos*, *enumerar* etc. A *adição* também pode ocorrer no acréscimo de conceitos e termos positivos ou negativos dentro de um discurso, pensamento, frase, reflexão etc. que levarão a uma consequência.

Vamos ao fragmento de um exemplo:

P – Fui até aquela loja ontem. Mas não comprei nada.

Fc – Conseguiu se conter com tranquilidade?

P – Não consegui. Foi bem difícil. Ficava pensando em comprar as camisas, as calças, as bermudas, as meias, as mochilas, tudo lá me chamava a atenção. Aí lembrava que não tinha dinheiro, que meu cartão estava zerado, que meu empréstimo vence no dia seguinte, que eu teria que me virar para pagar essa dívida...

Fc – E se você aceitasse aquela proposta de trabalho? O cargo de gerente pode ajudar bastante.

P – É verdade. Acho que vou ter que encerrar minha tentativa de ser um profissional liberal e me tornar um funcionário, pelo menos até que as coisas fiquem mais tranquilas. Como gerente, eu receberia mais, teria horários de trabalho mais organizados, poderia dar mais atenção aos meus filhos, teria o fim de semana livre, teria um dia fixo para receber, pagaria minhas contas... ah, acho que vai ser a melhor saída.

Neste fragmento, a *adição* aparece como parte do raciocínio do *partilhante*. Alguém que está em uma situação de dívidas, tentando trabalhar como autônomo, com pendências financeiras que aparentemente podem ter vindo de seu impulso por comprar, mostra inquietação com suas contas. O *terapeuta* tira a pessoa do *deslocamento longo* da loja e o leva, ainda no mesmo *submodo*, para o futuro, projetando sua aceitação de uma proposta de emprego. O *partilhante*, que já tem a *adição* como *submodo* em seu modo de pensar sobre as coisas, acaba utilizando-a também quando reflete sobre a aceitação de seu novo trabalho. Desse modo, a *adição* negativa cede espaço para a positiva. Então, o *partilhante* que estava voltado para os problemas de sua atual condição vislumbra uma vida melhor com os novos rumos que pode ter após aceitar o trabalho como gerente de uma empresa.

Veja que dois *submodos* estão o tempo todo implicados em um pequeno trecho de uma sessão. Durante a *terapia*, diversos *submodos* podem ser utilizados. A dinamicidade da *clínica* exige atenção constante do *filósofo* para saber o que fazer em cada momento do processo *terapêutico*. Seu *planejamento clínico* costuma ser uma pequena parte em relação ao intenso trabalho que as etapas sempre inéditas de sua *clínica* exigem.

Tecendo roteiros

O processo de formação de um *filósofo clínico* é bastante exigente. Além das etapas nas quais reconhece seu *partilhante* a partir dos *exames categoriais* e da montagem da *estrutura de pensamento*, ele precisa aprender meios de intervenção que são os *submodos*. O domínio dos *32 submodos* exige uma grande plasticidade em sua própria *estrutura de pensamento*. No caso do *submodo* que falaremos neste capítulo, o *filósofo clínico* precisa desenvolver uma capacidade narrativa envolvente. Trata-se do *roteirizar*.

O *roteirizar* é utilizado pelo *filósofo* para ensinar algo, provocar reforço ou desconstrução, modificar uma verdade pessoal etc. E isso é feito ao narrar uma história, na construção de um roteiro no qual o *partilhante* precisa, em certa medida, se reconhecer no que ouve.

Inicialmente, o *filósofo* precisa suscitar no *partilhante* uma *recíproca de inversão* para que este fique atento ao que está sendo dito. Para isso, o roteiro deve ter conteúdos que encontre proximidades com o que habita a *estrutura de pensamento* do *partilhante*. Se a pessoa tem como determinantes *tópicos* como *axiologia* e *epistemologia*, o *filósofo* tem mais probabilidade de acertar em sua narrativa se usar termos como "justiça", "acerto", "ótimo" e "melhor" para o primeiro e "saber", "investigar", "pesquisa" e "conhecer" para o segundo. Desse modo, as chances de haver uma identificação entre a construção narrada e a vida pessoal do *partilhante* são maiores. Se os cenários, os personagens e as situações forem semelhantes, as chances de êxito aumentam.

Por exemplo, um *partilhante* tem como um *assunto último* um conflito nas *interseções de estrutura de pensamento* vivida na briga com sua esposa por incompatibilidade de *buscas*. Ela querendo que eles abram uma padaria e ele certo de que a compra de uma oficina mecânica será a melhor escolha. Nesse caso, o *filósofo clínico*, com a posse das informações que o método lhe possibilitou obter, percebe que um *roteirizar* pode ser um caminho para aliviar a tensão de ambos. Então, conta uma história na qual há um casal que discorda de tudo, menos do amor de ambos que os faz ceder em alguns aspectos para permanecerem juntos. Se o *terapeuta* sabe que as *emoções* do *partilhante* são mais fortes do que as *buscas* e que seu desejo por uma oficina veio mais de um *termo agendado* por seus amigos do que por uma convicção própria, a identificação com a história pode levá-lo a ceder à *busca* da esposa que, antes, havia sido construída em comum.

Um *roteiro* devidamente apresentado, fiel ao que possa tocar a *estrutura de pensamento* do *partilhante*, pode ser uma excelente ferramenta. Mas, é claro que uma pessoa que não faz *recíproca* com facilidade, que não acompanha roteiros e que não pensa por meio de histórias, pode não ser beneficiado com esse procedimento.

A experiência de perceber

O décimo sétimo *submodo* é o *percepcionar*. Trata-se de um *submodo* que, em alguma medida, tem proximidade com outros, como *deslocamento curto* e *em direção às sensações*. Neste *submodo*, o *filósofo clínico* leva o *partilhante* a perceber os detalhes de algo presente através da visão. Dar um foco. Levar o intelecto para um lugar de bem-estar para afastar de um sofrimento imediato. Pode ser com fotos, imagens ou dados presenciais – embora já tenha usado como um *percepcionar* intelectivo, tentando ir cada vez mais no detalhe daquela visão ou imagem em *deslocamento longo*.

Como a *terapia* realizada pela Filosofia Clínica pode ser feita em diversos ambientes além da tradicional sala de consultório, vamos a um trecho de sessão em uma cafeteria que inicia com *em direção às sensações* (cheiro, sabor, ouvir) e segue para o *percepcionar* (ambiente, decoração):

Fc – Chegou o nosso café.

P – Ah, que bom.

Fc – O vapor está subindo. Sinta o cheiro.

P – É verdade. O cheiro está ótimo. Aliás, o cheiro costuma ser até melhor do que o sabor.

Fc – O que achou do sabor?

P – Nossa! Retiro o que falei. O gosto está tão bom quanto o cheiro.

Fc – Está ouvindo a música ambiente?

P – Sim. É uma balada de rock ou algo do tipo. É bom de ouvir.

Fc – Combina com o ambiente? Com a decoração?

P – Ah, sim. É a cara do lugar.

Fc – O que mais você percebe do ambiente?

P – Os discos de vinil ali no canto. Aquela vitrola antiga. Aqueles quadros em preto e branco. O cheiro de madeira ou de ambiente rústico. Fico com uma sensação de nostalgia. Ao mesmo tempo me dá uma paz. É aconchegante. Acho que a terapia aqui vai ser até melhor. Fico me sentindo mais acolhido aqui.

Neste exemplo, o *filósofo* conduziu o início do *percepcionar* e o *partilhante* continuou o processo por ele mesmo. É claro que sabendo que esse *submodo* cabe na *estrutura* da pessoa que acompanha, o *terapeuta* pode ter esse tipo de retorno. Não é sempre assim, mas costuma funcionar. Outro aspecto que evidencia que o *percepcionar* é algo do *partilhante* foi a comparação, quase velada, entre o ambiente novo e o antigo – o consultório – quando diz que "a terapia [...] vai ser até melhor".

A propósito, esse procedimento de mostrar literalmente o que o *partilhante* diz para constatar algum *tópico* ou *submodo* é um dos recursos fundamentais para o trabalho da Filosofia Clínica. Toda afirmação a respeito dos *partilhantes* se vale daquilo que foi dito por ele. É por isso que durante os primeiros atendimentos em *estágios supervisionados*, o formando em Filosofia Clínica precisa gravar as sessões para transcrevê-las e, em seguida, montar a *estrutura de pensamento* fundamentando cada *tópico* e *submodo* com os trechos encontrados, ou seja, na literalidade. Assim, vai mostrando a seu *supervisor*, que o acompanhará em todo o processo.

Em busca de alívio

A *esteticidade bruta* é o décimo oitavo *submodo*. Trata-se de permitir que a pessoa tenha um modo de desabafo sem um direcionamento específico. A *esteticidade bruta* pode vir em forma de choro, grito, xingamento, quebrar algo, socar um saco de pancadas, entre outras coisas. É aquele momento em que a pessoa não tem palavras para expressar algo que habita em sua *estrutura de pensamento* como dor, indignação, revolta e raiva, e usa esse *submodo* para se aliviar, dar vazão etc.

A *esteticidade* talvez seja um dos modos menos compreendidos como meios para viabilizar algo que ocorre na *estrutura de pensamento*. Nos hospitais psiquiátricos, onde esses arroubos ocorrem com maior frequência, os remédios de contenção são imediatamente prescritos. Fora do ambiente psiquiátrico, as medidas de contenção são mais sutis. Vemos as pessoas dizendo para acalmar-se, não chorar, respirar fundo etc. São boas medidas. Porém, há casos em que algumas *esteticidades brutas*, desde que não machuquem outra pessoa, nem a si mesma, podem ser meios eficazes de alívio subjetivo.

No consultório, há diversos casos em que a pessoa chega, sobretudo nas primeiras sessões, e chora copiosamente. É claro que cada caso precisa de cuidados específicos. Mas, em algumas situações, cabe ao *terapeuta* permitir que o *partilhante* deixe sua *esteticidade bruta* aflorar até que se acalme e possa falar com a tensão diminuída.

O *filósofo clínico*, ao encontrar a causa (*comportamento e função*) da *esteticidade bruta* pode, posteriormente, indicar outros meios de viabilizá-la. Pode ser que haja *submodos* adequados para cada situação. Mas, isso dependerá dos *procedimentos clínicos* elaborados a partir dos *exames categoriais* e da compreensão da *estrutura de pensamento* do *partilhante*. Se a única forma que a pessoa encontrou de expurgar o que lhe afeta, até aquele momento, é a *esteticidade bruta*, o *filósofo clínico* não deve impedi-la até que encontre alternativas que cumpram a mesma função.

Por fim, é possível que o *filósofo*, após ouvir da pessoa que ela chorou diante de uma situação e pediram para ela

160

parar de chorar, indique que ela não interrompa o choro. Pois a questão não é uma simples falta de solução de um problema. Às vezes, o choro é a própria solução, uma vez que tira a tensão e deixa a pessoa subjetivamente melhor. Inclusive, há casos em que o alívio permite que a *estrutura de pensamento* trabalhe em prol da pessoa, fazendo-a encontrar meios de solucionar alguns conflitos.

O caminho para alívio e compreensão

É ilusória a ideia de que todos nós conseguimos encontrar respostas para nossas questões por meio de raciocínio. Alguns problemas ou questões que trazemos conosco podem precisar apenas de um modo de expressão "irracional" para encontrar seu caminho. Neste caso, podemos utilizar o décimo nono *submodo*: a *esteticidade seletiva*.

Enquanto a *esteticidade bruta* (choro, xingamento, quebrar coisas, gritar etc.) é um meio de alívio sem uma direção específica, a *esteticidade seletiva* visa finalidades parecidas, mas com um direcionamento ou controle. A finalidade desse *submodo* é viabilizar um alívio diante de algo que angustia, a criação diante de uma força interna sem direcionamento, a desconstrução de questões bastante complicadas, jogar para fora algo que consome internamente ou traduzir algo ainda obscuro para o próprio *partilhante*.

A *esteticidade seletiva* é realizada por meios como o desenho, a pintura, a escultura, a literatura, a música, a dança, a poesia entre inúmeras outras atividades. O *filósofo clínico* deve cuidar para que seu *partilhante* tenha esses dados de *semiose* ou se sua *estrutura de pensamento* as comporta, no caso de serem ensinadas.

Nem sempre o *filósofo clínico* conseguirá ou precisará esclarecer o que se passa com seu *partilhante*. Às vezes, a pessoa só precisa colocar para fora. Um desenho como tentativa de expressar o que o sujeito pensa ou sente; uma pintura que expresse as cores do que ocorre "dentro"; um texto dissertativo ou literário que contemple o que se passa; o toque de um instrumento ou o simples cantar algo que traduza o que as palavras próprias não conseguem expressar; a dança como um movimento que tira os "nós" internos; a poesia como uma linguagem que ultrapassa as estruturas lógicas com premissas e conclusões; e tantos outros meios podem ser utilizados como caminho para o *partilhante*.

A questão aqui não é o *filósofo clínico* ou seu *partilhante* conseguirem dar respostas para os problemas ou explicá-los de modo objetivo. Uma das finalidades desse *submodo* é fornecer um meio de trabalhar o *assunto último*. Se esse meio for eficaz, pode não ser necessário traduzir ou explicar detalhadamente o que aconteceu. Afinal, viabilizar um bem-estar subjetivo pode estar acima de coisas como a curiosidade do *terapeuta* em querer explicar tudo o que ocorre na *estrutura de pensamento* daquele que o procura.

Esse *submodo* pode ser mais facilmente utilizado quando o *terapeuta* encontra na história de vida do *partilhante* sinais de que ele já utilizou algum desses modos de *esteticidade seletiva*. Nesse caso, quanto mais o *submodo* faz parte da vida do indivíduo, maior as chances de ele utilizar quando sugerido pelo *terapeuta*. Quando não estiver entre seus *submodos*, o *filósofo clínico* deverá ficar atento para perceber se cabe à *estrutura de pensamento* dessa pessoa.

A caminho da clareza

O vigésimo *submodo* é a *tradução*. A compreensão corrente do termo "tradução" traz o sentido de algo que abrange atividades de interpretação de determinado significado em um idioma transposto para outra língua mantendo, todavia, um sentido equivalente. Desse modo, tanto o procedimento quanto o resultado são chamados de tradução. Na Filosofia Clínica, o procedimento é análogo. Porém, o *partilhante* é que traduz o que ocorre em sua *estrutura de pensamento* ou o que os *submodos* utilizados não conseguiram trazer numa univocidade de sentido. Durante a escuta clínica, quando o *partilhante* usa expressões como "explicando melhor...", "eu quis dizer...", "ou seja..." etc., isso dá indício de que ele usa informalmente a *tradução* e, consequentemente, há possibilidades de ser utilizada pelo *filósofo clínico*.

Portanto, na Filosofia Clínica a *tradução* é um processo em que há uma transposição de dados de *semiose* – o modo como a pessoa se expressou – para outro modo de expressão visando uma explanação de ideias; um processo de analgesia, alívio da dor de determinado pensamento; o conhecimento de algo quando o processo epistemológico pode ajudar o *partilhante*; a elucidação em vista de explicar; o apaziguamento diante de algo que tenha gerado tensões; a conciliação de ideias ou até nas *interseções*, entre outras.

O objetivo desse procedimento submodal pode fazer com que o *partilhante* consiga comunicar o que não foi possível com o modo anterior. Assim, a pessoa utiliza outras palavras ou pode se valer de outros modos de expressões dialogando com *submodos* como a *esteticidade seletiva*. Com isso, o *partilhante* pode significar os termos, suavizar alguma inquietação, enfraquecer um *pré-juízo* ou um *termo agendado no intelecto*, esvaziar o sentido de um elemento em *o que acha de si mesmo* ou de *como o mundo parece* etc. Um exemplo:

P – Eu não consigo dizer não para minha família. Sou uma boba.

Fc – O que você quer dizer quando afirma que é uma boba?

P – Ah, sei lá! Acho que não consigo negar nada para minha família e deixo de fazer as coisas que são importantes para mim.

Fc – Então, ser boba é deixar de fazer o que é importante para você?

P – Acho que sim. Sinto-me uma idiota pensando assim. É meio egoísta.

Fc – Pode explicar melhor esse egoísmo?

P – Pensar só em mim. Dar mais importância a mim do que ao que as pessoas precisam.

Fc – E você é assim?

P – Não. Acho que sou o contrário. Eu me doo demais. Sou boba por me doar demais e sou mais boba ainda por me achar egoísta quando quero pensar um pouco mais em mim.

A *tradução*, assim como os demais *submodos*, não tem uma finalidade definida. Pode servir para diversos fins. Embora o *filósofo clínico* possa usar para sua compreensão, devemos destacar que o *partilhante* é o principal beneficiado por tornar claro para si o que ocorre em sua *estrutura de pensamento*.

Sugestões transformadoras

O *filósofo clínico* passa sua formação aberto às variedades de modos de ser do indivíduo. O ser humano possui uma vasta possibilidade e o método *filosófico clínico* traz na *estrutura de pensamento* e nos *submodos*, identificados ao longo dos *exames categoriais*, a compreensão da *singularidade* daquele que procura os cuidados do *terapeuta*. Porém, a exigência de abertura do *filósofo clínico* às possibilidades dos modos de ser também deve abranger a das suas próprias possibilidades de intervir clinicamente. Em outras palavras, as ferramentas que o *terapeuta* dispõe devem ser tão variadas que possa se adaptar a cada caso da melhor maneira possível. Além da riqueza que os *submodos* oferecem, há desdobramentos dentro de um mesmo *submodo*, como é o caso do vigésimo primeiro: a *informação dirigida*.

A *informação dirigida* é um recurso que o *filósofo clínico* dispõe para oferecer uma informação que seja útil para o *partilhante*. Informações estas que devem estar de acordo com a sensibilidade da pessoa que a recebe, isto é, que esteja de acordo com o modo como essa pessoa organiza seu mundo. Em outras palavras, a *informação dirigida* deve encontrar consonâncias com a *estrutura de pensamento* da pessoa.

O vigésimo primeiro *submodo* envolve informações direcionadas para um objetivo que, no limite, é trabalhar o *assunto último*. Assim, o *terapeuta* fornece dados a fim de encaminhar a resolução, o alívio, a compreensão, a decisão etc. E os meios utilizados são os mais diversos. A *informação dirigida* é caracterizada pela oferta de meios para que através deles o *partilhante* trabalhe suas questões. Esses meios são as leituras – livros, artigos, poemas –, filmes, séries, documentários, visita a locais, cursos, sites, redes sociais, entre inúmeros outros.

Quando os meios oferecidos estão de acordo com o modo de ser e agir do *partilhante*, a possibilidade de atingir o efeito desejado é ampla. O *filósofo clínico* pode oferecer um livro que fale sobre um personagem com metas na vida para ajudar o *partilhante* a fortalecer suas *buscas*; pode sugerir um filme onde há conflitos entre pais e filhos para compreender que sua relação difícil com um familiar não é exceção; pode pedir a um *partilhante* muito preso ao trabalho que observe as pessoas no parque da cidade para ver o quanto pode ser divertido e útil relaxar; pode também sugerir ao *partilhante* que está com dificuldades para correr que procure um educador físico para que este explique a melhor maneira de correr sem causar lesões.

Embora o principal seja o sentido que o procedimento faz na *clínica filosófica*, seria bom que o *filósofo clínico* antes tivesse alguma vivência dos meios que oferece. A indicação, sobretudo de meios audiovisuais e de leituras, requer do *terapeuta* certa fluência, alguma intimidade, com esses meios. Caso contrário, poderá não saber o que indicar para o *partilhante*. Por essa razão, o *filósofo clínico* é convidado a ter contato com filmes e livros de temas diversos ao longo de sua formação. O domínio do método, dos conteúdos dos *exames categoriais*, da *estrutura de pensamento* e dos *submodos* vai além de saber explicar cada um dos elementos que os constitui. O *filósofo clínico* é desafiado é fazê-los dialogar, construir derivações, elencar possibilidades. O conteúdo da Filosofia Clínica apresentado neste livro é, de certo modo, uma espécie de alfabeto a partir do qual se constroem palavras, frases, parágrafos, textos, livros, enciclopédias com os mais diversos assuntos.

Outra forma de dizer

Há diversas formas de se dizer algo sem utilizar palavras diretas sobre o mesmo. O uso de formas de dizer indiretamente as coisas pode ter diversas finalidades nos desdobramentos terapêuticos. Por isso, a *clínica filosófica* possui o *vice-conceito*. Trata-se do vigésimo segundo *submodo*.

De modo geral, o *vice-conceito* caracteriza-se pelo uso de metáforas, ilustrações, narrativas, parábolas, alegorias, provérbios e fábulas elaborados a partir de dados constitutivos da *estrutura de pensamento* do *partilhante*, mudando sua forma e preservando o significado, a fim de inserir referências, isto é, dizer algo que o *partilhante* precisa ouvir, mas não diretamente. Desse modo, intenta-se trabalhar nas questões da pessoa sem que se valha de termos diretos que poderiam causar dor, sofrimento ou qualquer outro tipo de afrontamento direto à *estrutura de pensamento* dela.

O *vice-conceito* pode ser identificado nos *partilhantes* que não se referem diretamente ao que ocorre ou explica por outros meios ou modos. Uma pessoa pode expressar o início da mudança de sua vida comprando uma planta e colocando em sua mesa. Neste caso, a planta é essa decisão. Mas, também pode ser o caso de utilizar uma expressão para se referir a uma dor sobre a qual talvez nem queira tratar.

Certa vez, uma *partilhante* chegou ao consultório com a seguinte queixa: "Estou com uma cruz que não é minha". Neste caso, o do *assunto imediato*, a cruz pôde ser explicada (*tradução*). Era o caso de uma moça que ela havia acolhido quando a mãe dela, sua amiga, morreu. No leito de morte, ela pediu que minha *partilhante* cuidasse da adolescente. Três dias depois, faleceu. A adolescente foi acolhida, mas agia de modo que incomodava bastante a *partilhante*. Isso ocorreu desde a adolescência, quando foi morar na nova casa, até o início da juventude. Mas, por que usou do *vice-conceito* – "estou carregando uma cruz que não é minha" – e não disse diretamente do que se tratava?

A questão era que a *partilhante* tinha cruzes que considerava dela. Seu passado longínquo até o passado recente havia sido marcado por situações de sofrimento familiares. Ela suportou momentos de dor, humilhação, dificuldade etc., aceitando firme essa cruz. Eram cruzes passadas e que ela carregava como um fardo e, na terapia, não queria tocar nelas. Eram suas cruzes e pronto. Seu problema mesmo era essa cruz que não era dela.

A terapia discorreu conforme aquele *assunto imediato*. O *assunto último*, estritamente ligado ao *imediato*, consistia em trabalhar a expressividade daquela *partilhante*. Nos dez anos de convivência com aquela "cruz", ela se manteve quieta, assim como fizera com as cruzes que eram dela. A *terapia* foi basicamente um caminho de fortalecimento da expressividade, sobretudo trabalhando a fala como *semiose*. Quanto mais ela falava nas sessões, mais falava em outros ambientes até que, um dia, teve coragem de dizer à moça acolhida tudo o que a incomodava nela. A moça não aguentou e deixou a casa. Hoje, ambas mantêm contato, a moça chega a dormir na casa que morou por anos, mas continuou sua vida na casa de um parente. Enfim, a *partilhante* pôde continuar apenas com aquela que era sua cruz. O *vice-conceito* – que diz o que a pessoa precisa ouvir sem falar diretamente em suas dores – também pode ser usado com outros *submodos*, como o *roteirizar* – que leva a pessoa a vivenciar o problema – e a *informação dirigida*.

Algo como o sexto sentido

A Filosofia Clínica nos ensina que nem todos vivem pautados pelos padrões epistemológicos mais difundidos.

Ou seja, as experiências que nos dão noção de causa e efeito, os livros que nos ensinam pelo exemplo ou pela experiência alheia, os diálogos que nos ajudam a perceber as coisas a partir da visão do outro, enfim, esses meios de conhecimento não são utilizados por todas as pessoas. Há quem viva parcial ou majoritariamente se valendo de outros *submodos* para viabilizar sua *estrutura de pensamento*. É o caso do vigésimo terceiro *submodo*: a *intuição*.

Alguns podem chamar de coincidência, outros de premonição, haverá os que defenderão a tese do sexto sentido, os mais céticos talvez utilizem o termo acaso, os mais crédulos, a noção de poderes paranormais ou transmissão de pensamento. As explicações para o fenômeno da *intuição* são variadas. A questão é que a *intuição* pode ser compreendida como o resultado instantâneo realizado a partir da operação das *interseções* de dados que constituem a *estrutura de pensamento*.

Em outras palavras, nossa *estrutura de pensamento* é constituída de uma quantidade incontável de elementos. Seu conteúdo é biológico, histórico, relacional, experiencial, epistemológico, emocional, social, religioso, ideológico etc. Tudo isso interage naquilo que somos. Quando nos referimos a uma *estrutura* estamos apontando para esse todo, essa rede de conexões que, em maior ou menor grau, pode interagir em nós.

Um exemplo simplificado pode ajudar. Suponha que em sua infância você tenha caído de bicicleta duas ou três vezes por problemas nos freios. Mas, a lembrança das inúmeras vezes em que pedalou o fez "esquecer" desses ocorridos. Certo dia, já adulto, você pedala em uma estrada e utiliza todos os recursos da bicicleta: freios, pedais, marchas etc. Porém, em determinado momento, algo incomoda você e, antes de descer um trecho bastante inclinado, uma ladeira, resolve voltar para casa. Não sabe o motivo, mas "pressentiu" que era melhor não continuar o trajeto. Dias depois, leva a bicicleta para a revisão e o mecânico vê que o cabo de aço estava a poucos fios de romper dentro do conduíte.

Não se trata necessariamente de uma percepção "inconsciente" enquanto uma estrutura viva que subjaz a pequena ponta de consciência. A Filosofia Clínica compreende como um conjunto de elementos físicos e intelectivos que, juntos, agem mesmo que não precisemos pensar neles. É como o reflexo ou "memória muscular" de um atleta de luta que sabe se defender e atacar sem que precise de muitas reflexões prévias. Ele simplesmente faz porque treinou aqueles movimentos por milhares de horas. No caso da *intuição* esses "treinamentos" não são sistemáticos. A vida é o treino. Como ela ocorre, não é uma questão a ser respondida. O ponto principal é reconhecer quando o *partilhante* a utiliza, se cumpre alguma função importante em sua *historicidade* e, se necessário, estimulá-lo a "ouvir" sua *intuição* diante de alguns movimentos de sua vida. O mesmo vale para o próprio *filósofo clínico* em sua atividade de consultório. Há terapeutas que quando ouvem sua *intuição* podem conseguir bons resultados com seus *partilhantes*.

O que ocorreu antes

A *retroação* é o vigésimo quarto *submodo* e consiste em levar o *partilhante* de um determinado problema à sua hipotética origem. Nesse processo, o *terapeuta* leva a pessoa à memória do que foi vivido, a reconhecer os detalhes, reviver os pensamentos que teve naquela ocasião, bem como as emoções, as sensações etc. A pessoa é conduzida, por meio de uma ordem regressiva, ao momento, à ocasião, ao ocorrido que deu origem ao problema em questão. Por exemplo:

P – Não estou me sentindo bem hoje.

Fc– O que você sente?

P – Muita dor no estômago. Como a gente já conversou sobre isso, sei que é emocional. Mas não sei a causa desta vez.

Fc – Quando começou?

P – No fim desta tarde.

Fc – Como foi sua tarde?

P – Tranquila. No meu trabalho já tinha adiantado tudo. Então fiquei fazendo trabalhos mais automáticos, que não precisava de muita atenção.

Fc – E antes da tarde?

P – Foi corrido! Trabalhei bastante. Tive que arrumar uma papelada enorme, preencher vários formulários e fazer pedidos de compras para a empresa. Mas foi muito tranquilo. Nada que me estressasse.

Fc – Conte-me como foi desde quando você acordou até chegar na empresa (*divisão*).

P – Acordei, fui tomar banho, tomei meu café e saí de casa. Na calçada, em frente a minha casa, vi um monte de resto que o vizinho deixou há uma semana e não tirou. Fui conversar com ele. Mas soube por outra vizinha que ele viajou e só volta daqui a um mês. Fiquei muito chateado! Na próxima semana vou receber meus amigos e parentes para uma confraternização, e a entrada do meu portão está obstruída. Não sei onde vão deixar o carro. E não tenho tempo para tirar sozinho aquele entulho. É! Acho que foi isso que me deixou com o estômago assim.

As possibilidades do uso da *retroação*, assim como dos demais *submodos*, devem ter uma finalidade clínica bem pensada. Não é todo aparente problema que encontra na *retroação* o meio mais eficaz de ser compreendido e resolvido. Além disso, quando se leva em conta o uso de *submodos* associados, deve-se também saber quais podem ser utilizados em determinado *partilhante* sem que isso ocasione um mal maior. Em todo caso, a realização correta dos *exames categoriais*, a montagem da *estrutura de pensamento* e a identificação dos *submodos* serão a base segura para que o *filósofo clínico* aja da melhor maneira possível em prol de seu *partilhante*.

Direcionando a atenção

A *intencionalidade dirigida* também conhecida como *filtro* é o vigésimo quinto *submodo*. Trata-se de um procedimento que por meio de um direcionamento da atenção do *partilhante* – isto é, sua *intencionalidade* – para uma situação específica, um estado de espírito, um evento ou uma ação agradável ou importante para a pessoa, o *filósofo clínico* faz um *agendamento*, uma sugestão ou propõe ideias ou ações a fim de promover um bem-estar naquele momento, ou trabalhe uma questão contida no *assunto último*. É importante que tal procedimento encontre receptividade na malha intelectiva do *partilhante*, isto é, em sua *estrutura de pensamento*.

Fazendo um paralelo com o *atalho* é possível ampliar a compreensão da *intencionalidade dirigida*. Enquanto o primeiro procura uma resposta por aproximação, com uma opinião que pode ou não ser verificável, é realizado como um agendamento indireto, tende a encontrar um dado por aproximação ou até por invenção, caracterizando-se como um caminho alternativo quando o que preencheria corretamente a lacuna falta e, por fim, pode ou não referir-se ao *assunto último*; o segundo tende a agendar o dado de modo exato – dentro de um dado mais aproximativo possível –, a opinião tende a ser mais verificável, o *agendamento* é direto, o dado celular é mais preciso, a atenção é dirigida para algo específico e se pretende chegar ao *assunto último*.

A *intencionalidade dirigida* serve para variados fins. Um deles é o de tirar a pessoa de determinada lembrança ou situação atual triste para um momento agradável. Nesse caso, o *terapeuta* pode diretamente perguntar algo como: "Como foi o passeio com sua namorada ontem à noite?"

Aqui, a finalidade foi a de direcionar a pessoa para um momento agradável. Mas, também pode ocorrer de o *filósofo* encaminhar a pessoa para um momento a partir do qual pretende trabalhar alguma questão: fortalecendo a lembrança desse momento, levantando questionamentos sobre ele, fazendo a pessoa enxergar por outras perspectivas etc.

O *filósofo clínico* deve usar as expressões da pessoa, precisa desenvolver mais perguntas no caso de querer aprofundar a experiência, pode usar outros *submodos* como o *atalho*, a *divisão*, o *percepcionar*. Mas precisa cuidar da *interseção* com a pessoa para que possa trazê-la para a *recíproca* quando necessário. Atento à *estrutura de pensamento* e suas *interseções tópicas*, o *terapeuta* deve acompanhar todo o desdobrar de cada um de seus procedimentos *submodais*.

Valorando

Lembremo-nos de um dos *tópicos* da *estrutura de pensamento* chamado de *axiologia*. Este *tópico* possui um equivalente no vigésimo sexto *submodo* homônimo. Enquanto o primeiro diz respeito ao que habita a malha intelectiva da pessoa, o segundo se refere aos movimentos existenciais que viabilizam diversos aspectos da *estrutura de pensamento*, inclusive, mas não necessariamente, o *tópico axiologia*.

De modo geral, a *axiologia* é um procedimento que visa indagar, reconhecer ou demonstrar as coisas que são importantes para a pessoa. Desse modo, o *terapeuta* leva a pessoa a trabalhar os critérios dessa valoração, as motivações para tal, as palavras que as envolvem, a estrutura na qual se dá esse valor que pode levar a pessoa a optar por algo em detrimento de outro.

A *axiologia* pode ser um aliado no trabalho do *esquema resolutivo*, elencando os prós e contras ou os mais e menos importantes aspectos que devam ser reconhecidos para que haja uma decisão ponderada. Pode-se também utilizá-la em diálogo com a *busca* a fim de reforçar as metas da pessoa mostrando o quanto é importante para ela.

A *axiologia* nem sempre precisa servir como um meio de trabalhar o *tópico* homônimo. É por isso que *tópico* e *submodo* possuem seus elementos distintivos. Embora levem os mesmos nomes, o que caracteriza o que a pessoa é e como age são distintos. Algumas características devem permanecer sem um *submodo* que as viabilize. Nem todo *tópico* precisa ser manifesto, viabilizado, tornado movimento.

Mesmo no caso de haver a *axiologia* como *tópico* determinante, o trabalho para reforçá-lo – quando os *procedimentos clínicos* chegarem a essa conclusão – pode talvez necessitar de outros recursos *submodais* mais indicados do que a *axiologia*. A regra irrevogável para um bom andamento da *clínica filosófica* é a fidelidade ao método com suas etapas apresentadas até aqui. Salvo exceções – que são inevitáveis, uma vez que se trabalha com a *singularidade* –, o *filósofo clínico* que segue o método possui grandes chances de obter bons resultados com seu *partilhante*.

As mudanças nas interseções tópicas

A *autogenia* enquanto *tópico* se refere às relações *tópicas* existentes na *estrutura de pensamento* da pessoa. Há, além do *tópico*, o vigésimo sétimo *submodo* também denominado *autogenia*. Trata-se de um procedimento de reorganização da *interseção* dos *tópicos*. Em outras palavras, esse *submodo* visa promover modificações na *estrutura de pensamento* do *partilhante*.

Há o que poderíamos chamar de *padrões autogênicos*. Para fins de compreensão, entre diversas variáveis possíveis de trabalho neste *submodo*, vamos trabalhar com elementos da *matemática simbólica* e mencionar os *horizontais* e os *verticais*. Lembrando que a Filosofia Clínica não trabalha com juízo de valor e sim com a questão da *singularidade*, não se deve pensar nesses padrões com noções de "melhor" ou "pior". Os elementos apresentados servem para ajudar a promover noções de trabalho e não para qualificar cada pessoa.

A *autogenia horizontal* é caracterizada por mudanças dentro de um mesmo *padrão*. Trata-se de modificar as relações *tópicas* mantendo, contudo, as vizinhanças existenciais. Uma pessoa pode chegar ao consultório queixando-se do trabalho, da família e dos amigos. Porém, a questão central, o *assunto último*, refere-se mais ao modo de convivência do que às pessoas envolvidas nessas *interseções*. Seria o caso de, por exemplo, pedir uma mudança de setor no trabalho porque acha que não está bem aproveitado na função que exerce; de sair mais com a esposa e dedicar um tempo para dar mais atenção aos filhos; de lidar com os amigos de modo mais maduro e menos irresponsável. Neste caso, as vizinhanças são referentes às pessoas ou ao comportamento no ambiente. Mas, pode ser que seja de natureza interna, da própria *estrutura de pensamento*.

Quanto à *autogenia vertical*, o ponto a ser observado é que as vizinhanças não condizem mais com a *estrutura de pensamento* do *partilhante*. Talvez em decorrência da própria *terapia* o sujeito pode ter mudado a ponto de não se reconhecer mais com o que faz parte de sua realidade, ou até pode ser que as pessoas continuaram mudando e ele, por permanecer o mesmo, tornou-se um estranho naquele meio. Sendo assim, utilizando o exemplo anterior, o *partilhante* talvez devesse mudar de emprego, separar-se da esposa e procurar novos amigos. É claro que é um exemplo de grandes modificações. Mas, uma vez que isso é realizado com o conhecimento da *estrutura de pensamento* do indivíduo, o *filósofo clínico* não estará fazendo algum tipo de "violência" clínica. Apenas viabilizará o que o próprio *partilhante* ao longo da *terapia* sinalizou.

A *autogenia* possui uma variação vasta. E em casos como os apresentados precisará de outros *submodos* para serem viabilizados, como *em direção ao desfecho*, *esquema resolutivo*, *busca*, entre inúmeros outros e suas possíveis e necessárias combinações. O critério é o *partilhante* quem dá e seu reconhecimento é fruto da *historicidade*, dos *dados divisórios*, dos *enraizamentos*, com os *exames categoriais*, a *estrutura de pensamento* e os *submodos*.

Viabilizando o aprendizado

A palavra *epistemologia* se refere a um *tópico*, mas também a um *submodo*. Enquanto constituinte da *estrutura de pensamento*, ela diz o modo como a pessoa conhece, aprende, assimila as coisas. Como um *submodo* é a viabilização de um aprendizado por iniciativa tanto do próprio *partilhante* quanto por estímulo ou orientação do *filósofo clínico*.

Portanto, a *epistemologia* diz respeito ao modo de aprendizado da pessoa. Assim, o *terapeuta* a utiliza a fim de conduzir o *partilhante* a construir novos conhecimentos. Também pode ser usado para que a pessoa verifique o conhecimento que já traz consigo. Outra possibilidade de uso é o de relacionar *submodos* para que o *partilhante* aprimore sua capacidade de conhecimento e trabalhe algumas de suas questões.

Há uma gama de possibilidades epistemológicas que podem ser utilizadas. Algumas podem já fazer parte da vida do *partilhante* e, outras, podem ser ensinadas. O *filósofo clínico* pode sugerir a leitura de livros, a frequência a cursos, a experiência prática de algum comportamento, a observação de pessoas, a auto-observação, o diálogo com alguém que saiba sobre um assunto a ser compreendido, assistir a um filme, série ou documentário, escrever o que se passa em seus pensamentos etc.

Veja que as possibilidades de realização da *epistemologia* elencadas costumam estar diretamente relacionadas a outros *submodos*, como *informação dirigida, inversão, se-*

miose, recíproca de inversão etc. Embora um determinado recurso *submodal* sirva de orientação principal para o trabalho do *terapeuta*, a interação dos *submodos* ocorre com bastante frequência. Aliás, é inevitável que *submodos* e *tópicos* estejam envolvidos desde o início da clínica, quando se está ainda colhendo o *assunto imediato*.

É importante que o *filósofo clínico* tenha encontrado ao longo da colheita da *historicidade* elementos que mostrem que a pessoa conhece desse modo. Pois, há pessoas para as quais qualquer explicação não encontra terreno fértil em sua *estrutura de pensamento*. Há aqueles que precisarão trabalhar questões indiretamente, como no caso do *roteirizar*, do *vice-conceito* ou até da *intuição*. A riqueza de possibilidades é, ao mesmo tempo, um horizonte que se abre diante do *terapeuta* e uma fonte inesgotável de aproximações. Cada pessoa é um universo a ser desvelado, nunca de modo absoluto, ao longo da *clínica filosófica*.

Lidando com ruínas

O vigésimo nono *submodo* é a *reconstrução*. Em alguns casos, caberia mais o uso da palavra construção, uma vez que nem sempre se reconstrói algo, mas constrói-se a partir de um dado celular. Mas, em outros momentos é, de fato, um processo que envolve reconstruir algo. A *reconstrução* pode ser compreendida como uma construção atualizada do que ocorreu. Nesse processo, é levado em conta o ponto de vista da pessoa, o aspecto cognitivo daquele momento vivido, entre outros.

Se, por um lado, a vivência pode estar carregada de conteúdos que trazem um mal-estar subjetivo, a *reconstrução* propõe, em alguns casos, uma reinterpretação do ocorrido, em outros, acréscimos de novos elementos, seja por percepção, seja por *atalho*. Por meio de acréscimos conceituais – que já fazem parte da *estrutura de pensamento* da pessoa – o *filósofo clínico* pode viabilizar a alteração da experiência desses acontecimentos.

A *reconstrução* pode ser utilizada para trabalhar uma experiência pontual. Por exemplo, o *partilhante* se queixa de que sua manhã não foi boa porque viu suas contas e está preocupado com as dívidas. O *filósofo clínico* pode pedir que a pessoa conte sobre essa manhã, mas enfatizando o aroma do café, o sabor do pão de queijo, o suave beijo da esposa, a música que estava tocando em seu carro enquanto dirigia em direção ao trabalho etc. Desse modo, uma manhã preocupante pode ser "reconstruída" com o fortalecimento da memória agradável.

Por outro lado, a *reconstrução* pode ser feita por meio de acréscimos de elementos que possam mudar uma lembrança. Uma ação indesejada, como uma palavra rude dita a um amigo, pode ser refeita como um *roteirizar* com elementos de *adição* e *atalho*. Enfim, as possibilidades de criação, desde que caibam na *estrutura de pensamento* da pessoa, são incontáveis.

Mas, é possível que a *reconstrução* ocorra como um auxílio à mudança de uma *busca*. Alguém cujo tempo subjetivo esteja em suas expectativas futuras, mas, por acréscimos indevidos de suas *ideias complexas*, promove hipóteses desanimadoras, pode ser beneficiado com a *reconstrução* desses elementos. Refazer as *buscas* com conteúdos que já habitam a *estrutura de pensamento* da pessoa pode significar muito para ela.

Para a execução de uma *reconstrução*, o *filósofo clínico* pode se valer de *atalho, argumentação derivada, adição, deslocamento longo, percepcionar, em direção às ideias complexas*, enfim, dos demais *submodos* que podem ser combinados e recombinados até que funcione para o *partilhante*. Deve-se levar em conta também que os *submodos* já utilizados informalmente pela pessoa podem compor o *planejamento clínico*.

Analise o caminho da realização

O trigésimo *submodo* consiste em um equivalente à junção de três *tópicos*. Trata-se da *análise indireta* que consiste em três elementos chamados *ação, hipótese* e *experimentação*. A *ação* se refere ao reconhecimento de como é o funcionamento do problema a ser trabalhado. A *hipótese* são as possibilidades de resolução do problema. Já a *experimentação* é realizada após o exame das *hipóteses*, quando se opta por um caminho, e se concretiza em um experienciar.

Além dos três elementos, há a *função*. A *função* estrutura a *ação*. Ela é a causa ou as causas, a origem ou as origens, é o fundamento da *ação*, a problemática em funcionamento. Enquanto a *ação* é a problemática em funcionamento, a *função* é a estrutura dessa *ação*. Pode ser uma *função* ou várias *funções*. É algo que está mais enraizado, mais fundo na pessoa. O que aparece é a problemática, o funcionamento. Mas, o que estrutura a *ação* é acessível com o tempo.

A *função* presente na *análise indireta* diz respeito à qual será a finalidade que se destina a *experimentação*. A *função*, portanto, é a resolução – seja ela como for – da *ação*, isto é, da questão a ser trabalhada. É importante notar que os elementos que constam nesse *submodo* são basicamente da *estrutura de pensamento* colocados em um processo de realização. Já não estamos apenas nos *conceitos* que habitam a pessoa, mas levando-os a *termo*.

Vamos a um exemplo. Ao longo da terapia, o *partilhante* percebe que continuar em seu emprego já não é uma opção válida. Precisa sair dele. Mas, surgiram diversas possibilidades e ele não sabe qual escolher e, muito menos, por onde começar. Com a capacidade de ir *em direção às ideias complexas* e de fazer *adições*, o jovem pensa em diversas opções e isso mais o paralisa do que o ajuda a decidir. Então, o *filósofo clínico* resolve ajudá-lo a pensar suas questões começando pelo esclarecimento do problema:

Fc – Você disse que seu emprego está insuportável, que já não convive bem com os colegas e que, embora você faça o serviço muito bem-feito, não se vê valorizado. (*ação*)

P – Sim. É isso mesmo.

Fc – Depois você disse que sua questão não é sair do emprego, mas para onde ir quando sair de lá, porque há algumas possibilidades com implicações mais amplas. Fale sobre elas.

P – Na verdade, são três caminhos. O primeiro é sair do emprego aceitando trabalhar com meu irmão em outra cidade e começar a fazer faculdade à noite. O segundo é continuar aqui e trabalhar na padaria da família. Minha mãe disse que ela vai ficar para mim se ela morrer porque ninguém quer saber da padaria. Tenho também a opção de trabalhar embarcado. Seriam 15 dias no mar e 15 de folga. Meu primo disse que consegue para mim uma vaga imediatamente. (*hipóteses*)

Fc – Qual você acha que tem mais a ver com o que você quer para seu futuro? (*atalho* e *busca*)

P – Acho que ir trabalhar com meu irmão. Lá vou ganhar pouco e vou ter que morar na casa dele ou alugar um quarto. Mas, tenho a chance de fazer a faculdade. Ainda quero ser advogado.

Neste caso, a opção passou pelos elementos de *atalho* – diante da incerteza da pessoa – e da *busca* – que era um dos *tópicos* determinantes do *partilhante*. Conhecendo a *estrutura de pensamento* da pessoa, o *filósofo clínico* torna seu procedimento mais próximo de seu jeito de ser e agir.

Colocando-se na relação

O trigésimo primeiro *submodo* é a *expressividade*. Trata-se de um recurso que visa ajudar a pessoa a manter mais de si nas relações. Enquanto *tópico*, a *expressividade* é a constatação do quanto de si o *partilhante* mantém nas relações. Mas, como *submodo*, é a viabilização desse manter de si nas relações ou em alguma relação específica. A terapia pode promover diversos benefícios para a vida dos indivíduos. Um deles é o reforço de *o que acha de si mesmo*. Há pessoas que, pelas mais variadas razões, possuem esse *tópico* bastante prejudicado. Alguns chamarão de vergonha, de introspecção ou de soberba por não querer se misturar com os outros. Mas, a Filosofia Clínica mostra que as razões para tal comportamento são bastante singulares. Há uma gama de elementos da *historicidade* do *partilhante* que o podem ter levado a ser o que é ou a se comportar de alguma forma.

Mas, há pessoas cuja *expressividade* é aquela considerada "fechada". E se isso é assim para a pessoa, se lhe traz um bem-estar subjetivo, se não a prejudica existencialmente, o *filósofo clínico* apenas mantém. Afinal, a viabilização de uma maior *expressividade* deve vir como resultado do reconhecimento do que seria o *assunto último* e dos *planejamentos clínicos* que viabilizam o trabalho com o que apareceu nessa *categoria*.

Utilizando ainda o exemplo do *tópico 2*, há *partilhantes* que após um tempo de terapia passam de retraídos, quietos, cabisbaixos, tristonhos e angustiados para outro modo de se portar. Assim, passam a se arrumar mais, começam a praticar esportes, expressam suas inquietações e discordâncias, sorriem com maior frequência, olham as pessoas nos olhos etc. Trata-se de indivíduos que trabalharam *o que acha de si mesmas* e demais *tópicos* determinantes relacionados e mudaram em prol de seu bem-estar subjetivo.

É claro que a questão não envolve apenas o segundo *tópico* da *estrutura de pensamento*. A *expressividade* pode ser trabalhada a partir de diversas questões. E também vale destacar que não há um comportamento ideal a ser atingido. Uma pessoa considerada tímida, fechada, retraída, triste etc. não necessariamente terá que mudar. Não é porque algo não é aceito ou compreendido pela "maioria" que deva ser questão para a *terapia*. O bem-estar subjetivo é algo tão *singular* quanto a *estrutura de pensamento* de cada pessoa.

Cultivando verdades comuns

O trigésimo segundo *submodo* da *estrutura de pensamento* é o *princípio de verdade*. Ele possui uma relação muito próxima com o *tópico* homônimo. Mas, assim como os demais procedimentos clínicos com nome correspondente ao modo de ser da pessoa, este também possui suas especificidades. Se o *tópico* diz respeito ao reconhecimento dos *princípios de verdade* compartilhados entre o *partilhante* com o *filósofo clínico*, os familiares, seu grupo de igreja, seus colegas universitários, seus companheiros de trabalho, as pessoas de sua cidade etc., o *submodo* se refere ao cultivo desses aspectos em comum visando um fim.

Na *clínica filosófica*, os *princípios de verdade* podem ter viabilizado uma *construção compartilhada* que gerou grandes frutos. Mas, pode ser que a impossibilidade de qualquer *interseção positiva* tenha sido a condição necessária para uma clínica desafiante e produtiva para ambos. Não há fórmula pronta nem mesmo para o tipo de *interseção* construída na terapia.

Mas, quando se refere aos demais ambientes, pode ser que o *filósofo clínico* precise reforçar algum *tópico* que encontre ressonância nos que surgem como determinantes nos grupos ou pessoas com as quais o *partilhante* convive. Como os *princípios de verdade* não são apenas uma relação de *pré-juízos*, pois as verdades subjetivas podem estar em outros *tópicos*, o terapeuta deve estar atento ao que deve reforçar.

Pode haver uma *busca* como *princípio de verdade* de uma cidade. Por exemplo, os moradores de uma pequena cidade podem querer transformar o município em um polo turístico. Nesse sentido, se os comerciantes e demais profissionais, em diálogo com os políticos, trabalharem juntos, a cidade pode conseguir esse fim.

No caso de um relacionamento conjugal em que ambos passaram por *autogenias* importantes, o *filósofo clínico* pode considerar a investigação de algum *tópico* que viabilize a manutenção da união do casal. Talvez o reforço de um *tópico* quase apagado por uma das partes e que encontra no outro uma *interseção positiva* pode ser um ponto de partida. Há casos em que o trabalhado encaminhará à separação. Porque as *autogenias* promoveram o afastamento do casal. Isso vai depender do que vai aparecer na *historicidade*, na *estrutura de pensamento* de cada um dos envolvidos, em casos nos quais o casal será trabalhado.

Neste caso, inclusive, devemos mais uma vez perceber o quanto o uso de outros *submodos* é fundamental. Aliás, do quanto todos os aspectos da Filosofia Clínica estão sempre em diálogo. Pois os *princípios de verdade* também são encontrados nos *exames categoriais*. Portanto, a aparente divisão das etapas, embora exista uma sequência, é majoritariamente didática. Na prática, o *filósofo clínico* une todos esses elementos em um trabalho intento, atento e ético.

Planejando a clínica

O *filósofo clínico* deve absorver todo o conhecimento dos conteúdos que são ensinados ao longo de sua formação. Embora seja um conteúdo vasto, sua assimilação teórica é relativamente fácil diante da complexidade com a qual se depara ao colocá-lo em prática. Um dos exercícios que somente ocorrem na prática é o *planejamento clínico*. Trata-se de um procedimento que ocorre como resultado de um processo de aplicação do método da Filosofia Clínica e obedece basicamente a seis passos.

O primeiro é o encontro do *assunto imediato*. É quando o *partilhante* chega ao consultório e conta o que o levou a procurar ajuda terapêutica. Não há um tempo mínimo ou máximo de colheita dessa primeira *categoria*. Pode levar desde os dez primeiros minutos da clínica até algumas generosas horas de sessões ao longo de semanas.

Em seguida, o *filósofo clínico* inicia o procedimento chamado *colheita da historicidade*. É quando, após cessar o *assunto imediato*, o *terapeuta* pede que a pessoa conte sua história de vida, desde o seu nascimento até os dias atuais. Tal etapa pode levar semanas ou meses. O *terapeuta* e o *partilhante* deverão ter paciência. Quanto mais informação o *filósofo clínico* colher, maior a chance de ter uma boa noção da *estrutura de pensamento* de seu *partilhante*.

Enquanto colhe a *historicidade* de seu *partilhante*, o terapeuta realiza os *exames categoriais*. Trata-se do momento em que, após identificar o *assunto imediato*, o *filósofo clínico* inicia a identificação da *circunstância*, do *lugar,* do *tempo*, da *relação* e se encaminha para a busca do *assunto último*, isto é, da questão a ser trabalhada na clínica. Ela pode ou não coincidir com o *assunto imediato*.

No decorrer dos *exames categoriais*, o *terapeuta* inicia a montagem da *estrutura de pensamento* do *partilhante*. A partir de identificações provisórias, o *filósofo* vai chegando, com o máximo de aproximação possível, à compreensão de como a pessoa está sendo, isto é, de sua *estrutura de pensamento*.

A *autogenia* é um *tópico* que tem como função a identificação da relação dos demais *tópicos* da *estrutura de pensamento* em vista de chegar a identificar os que são de fato determinantes e importantes para a pessoa. De modo geral, o *assunto último* coincide com o conflito, a *interseção*, entre *tópicos* determinantes. Isto pode ocorrer com conteúdos dentro de um mesmo *tópico* e entre dois ou mais *tópicos*.

Por fim, é realizada a identificação dos *submodos* informais, isto é, aqueles que são utilizados pelo *partilhante*. No caso de serem possivelmente eficazes para trabalhar *o assunto último*, o *filósofo clínico* os utiliza. Mas, se for necessário o uso de outros *submodos*, o *terapeuta* dispõe de 32 e suas infindáveis combinações para ajudar o *partilhante* a alcançar o bem-estar.

O *partilhante* ensina

O *filósofo clínico* aprende, sobretudo, a ser um bom ouvinte. Na verdade, ele aprende a "ouvir" com todos os seus sentidos. É por meio da percepção aguçada de seu *partilhante* que ele compreende quem a pessoa é, ou melhor, está sendo e como age. É ouvindo a história de seu *partilhante* que suas circunstâncias e o modo como lidou e foi afetado por ela é revelado. A fonte de compreensão do *partilhante* é a *interseção* e as *construções compartilhadas*.

O *filósofo clínico* é orientado, desde o início de sua formação, que para compreender como o *partilhante* "funciona" é necessário aprender dele mesmo. Não há teorias ou qualquer tipo de estudo estatístico que revelará mais sobre o *partilhante* do que ele próprio. Aliás, quanto menos carregado de pressupostos o *filósofo clínico* for, mais chances tem de compreender aquele que o procura no consultório.

Às vezes, o *terapeuta* pode traçar diversos caminhos para ajudar seu *partilhante* a romper com determinados conflitos. Suas tentativas podem ter grande efeito. Mas, surpreendentemente, o próprio *partilhante* surge com um movimento novo que muda toda a situação. Esses processos de mudanças, denominados em Filosofia Clínica de *autogenias*, são admiráveis. O ser humano possui grande capacidade de gerar essas mudanças internas e externas.

A cada mudança, por iniciativa do *partilhante* ou por meio da intervenção do *filósofo clínico*, a *estrutura de pensamento* do *partilhante* e sua *autogenia* são revisitadas. Isso se dá pela colheita dos *dados atualizados* e da observação do que se manteve dos *dados padrões*. Os *dados atualizados* dizem respeito ao que aconteceu nos últimos dias ou semanas. O *dado padrão* é o que se manteve da própria estrutura do *partilhante* ao longo de tais mudanças. E, por fim, o *dado literal* garante a fidelidade ao que foi dito pelo *partilhante*.

Na Filosofia Clínica, o termo *partilhante* traz um significado próprio. Na partilha, *terapeuta* e *partilhante* fazem uma *construção compartilhada*. O *filósofo clínico* é o maestro nesse processo no qual participa por um determinado tempo da caminhada de seu *partilhante*, a fim de auxiliá-lo. O *filósofo* é um aprendiz assim como aquele que o procura.

Neurociência, psiquiatria e farmacologia

Embora o *filósofo clínico* não seja médico, ele precisa ter uma noção do efeito dos medicamentos, sobretudo os psiquiátricos, para poder conduzir seu trabalho. Pois, há *partilhantes* que procuram o terapeuta fazendo automedicações – o que é claramente reprovável – ou fazendo acompanhamento com um médico psiquiatra. Neste caso, é natural um trabalho em conjunto no qual há médicos que até indicam terapias para que seus pacientes não necessitem se manter tomando remédios controlados por toda a vida.

Como o efeito dos remédios influencia o jeito de ser da pessoa, um conhecimento mínimo de farmacologia, de psiquiatria e de neurociência é indicado. O *filósofo clínico* continuará considerando a pessoa a partir de sua *singularidade*, sem os pressupostos ou parâmetros de saúde e doença, normalidade e anormalidade, sanidade e psicopatologia. Mas, os efeitos dos medicamentos podem revelar a não continuidade de determinados procedimentos clínicos. Há também situações nas quais as doses altas do medicamento inviabilizam o trabalho terapêutico.

Por isso, o *filósofo clínico* possui como parte de sua formação esses conteúdos. Recebe também um material de apoio. Assim, mesmo sem a autorização para medicar e, muito menos, recomendar a retirada de qualquer medicação, seu trabalho tem a possibilidade de ser facilitado por esse conhecimento preliminar.

Outro aspecto que o *filósofo clínico* tem contato é com os diagnósticos mais comuns. Conforme dito desde o início da obra, não há uma concordância metodológica. O ponto central é saber como interpretar e como aquele *partilhante* chega ao consultório. Pois, mesmo que a pessoa se autodiagnostique como portadora de qualquer "doença", "distúrbio" ou "transtorno", o *filósofo clínico* possui um pressuposto metodológico irrevogável: estou diante de uma *singularidade*.

Processo de formação

A formação em Filosofia Clínica é constituída de algumas etapas: a graduação em Filosofia, a formação teórica em Filosofia Clínica, a clínica pessoal chamada de *pré-estágio*, os atendimentos com o acompanhamento de um *filósofo clínico* denominados *estágios supervisionados*. Vou apresentá-las de forma resumida.

A formação teórica funciona como pós-graduação *lato sensu* ou especialização. Algumas instituições de Filosofia Clínica vinculam o curso a uma instituição de ensino superior que emite um certificado de especialização reconhecido pelo MEC – como foi o meu caso. Mas outros preferem manter a especialização sem o vínculo que confere esse reconhecimento. Essa formação dura entre um ano e meio e dois anos. O certificado de especialização, reconhecido ou não pelo MEC, é chamado de *Certificado B*. O que torna a pessoa um pesquisador na área. Nessa formação, quem conclui o curso é um *especialista em* Filosofia Clínica.

A formação prática ocorre no fim do preparo teórico. O formando passa inicialmente por um *pré-estágio*, no qual é atendido pelo método da Filosofia Clínica e acompanha ativamente o processo. Em seguida, inicia os *estágios supervisionados*. Um *filósofo clínico* acompanha o formando ao longo dessa etapa. Não há prazo de conclusão prévio para esse acompanhamento. Para a emissão do *Certificado A*, o aspirante a *filósofo clínico* precisa dominar o método, o que é provado por alguns procedimentos avaliativos. Aquele que passa por essa etapa é chamado de *filósofo clínico*.

Independente de ter a especialização reconhecida pelo MEC, somente uma instituição específica de formação em Filosofia Clínica é que emite a habilitação para a clínica. É um processo semelhante ao da formação em psicanálise. A especialização em ambas pode ser realizada em universidade, mas não habilita para atendimento. Apenas os institutos próprios podem conceder a autorização para clinicar.

No Brasil, há vários institutos sérios em diversos estados. No meu caso, a especialização foi realizada pelo Instituto Packter – criada pelo estruturador da Filosofia Clínica, Lúcio Packter – com o reconhecimento do MEC pelas Faculdades ITECNE. A habilitação para clinicar foi emitida pela Casa da Filosofia Clínica fundada e dirigida por Hélio Strassburger, um dos primeiros alunos de Lúcio e um dos principais responsáveis por difundir a área pelo país. Inclusive, o Hélio foi diretor do Instituto Packter e meu professor em todas as etapas de formação.

Embora graduados em qualquer área possam cursar a especialização, para a habilitação é preciso formação específica em Filosofia. Antes era necessária a graduação reconhecida pelo MEC. Hoje, alguns institutos de Filosofia Clínica oferecem uma formação complementar em filosofia para que a pessoa conheça as bases filosóficas que inspiraram o método da *clínica filosófica* e possam obter o *Certificado A*.

É importante frisar que a Filosofia Clínica não é um aconselhamento filosófico, um conjunto de fórmulas filosóficas aplicadas à vida ou algo do tipo. É um método bem elaborado, estruturado e inteiramente voltado para a aplicação terapêutica. Embora se veja hoje diversos desvios nas práticas da Filosofia Clínica, sobretudo aliando-a a métodos completamente incompatíveis, há muitos *filósofos clínicos* levando a área a sério, obtendo excelentes resultados.

Por fim, ressalto que a formação aparentemente breve, pelo menos na parte teórica, não significa uma área sem profundidade. A teoria é uma propedêutica que deverá ser revisitada e aprofundada em todo o tempo em que o *filósofo clínico* pretender atender, desde seu estágio supervisionado até o fim de sua carreira de atendimento já com o *Certificado A* em mãos. A Filosofia Clínica exige muito de seus *terapeutas* e o estudo para quem busca ficar sempre preparado – assim como em qualquer área terapêutica – não tem fim.

Releitura do início da
clínica filosófica

O *partilhante* procura o *filósofo clínico*. Chega ao consultório que é aparentemente igual a qualquer outro que trabalhe com alguma forma de terapia. Então, o *partilhante* e o *filósofo* sentam-se em suas respectivas poltronas e o *terapeuta* pergunta: "O que lhe traz à terapia?" Assim, pode começar a *clínica filosófica*.

Até aqui, nada de diferente de uma terapia convencional. A pessoa apresenta seu *assunto imediato*: suas dores, dúvidas, questionamentos, angústias, motivos, sofrimentos etc. O *filósofo* realiza a *epoché* – suspensão de seus juízos valorativos e normativos – e ouve atentamente cada palavra, gesto e expressão. A cada pausa que insinua silêncios maiores, o *terapeuta* pergunta: "O que mais?"; ou diz: "Continue"; ou ainda: "Você dizia que...", e complementa repetindo as últimas palavras literais ditas pelo *partilhante*. Mantendo o *agendamento m*ínimo. E o *partilhante* continua contando.

Trata-se de uma etapa do processo na qual o *filósofo clínico* fala muito pouco, atendo-se a *agendamentos mínimos*. A escuta é mais importante do que a intervenção. É necessário conhecer o *partilhante* por ele mesmo, sem qualquer tipo de direcionamento do *filósofo clínico*. Um *agendamento* descuidado do *terapeuta* pode mudar todo o discurso do *partilhante* e produzir um problema que sequer era dessa pessoa.

O relato do *assunto imediato* pode durar minutos, semanas ou meses. Não há como prever. Quando se sabe que o relato chegou ao fim? Pelas repetições ou um silêncio continuado, o que pode dar indícios de que o *partilhante* esgotou sua queixa inicial. O *filósofo clínico* trabalha sua escuta a ponto de saber quando o *partilhante* não tem mais novidades sobre o *assunto imediato*. Há momentos em que o próprio *partilhante* já sabe que disse tudo o que tinha a dizer e cessa sua fala.

Concluído o relato, o *filósofo clínico* parte para a colheita da *historicidade* e os *exames categoriais*. Então, pede ao *partilhante* para contar sua história de vida desde seu nascimento até os dias atuais. Começa o relato da *historicidade*. Lembranças da infância, adolescência, juventude e vida adulta. Alguns retornos a momentos anteriores, alguns saltos de meses ou anos à frente. Pouco a pouco, surge uma história.

O *filósofo clínico* está atento aos *exames categoriais*. Quer saber a *circunstância*, a *relação*, o *tempo* e o *lugar*. Para compreender o que a pessoa é, o *filósofo* procura as *categorias*, onde estão as bases dessa formação de quem é o *partilhante* e como age. Tais *exames categoriais* caminham junto com a identificação de outros elementos, como a busca do *assunto último*.

Os *exames categoriais* revelam os traços determinantes da *estrutura de pensamento* do *partilhante*. Em outras palavras, nos *exames categoriais* o *partilhante* mostrou seus *tópicos* determinantes e os *submodos* que já usa informalmente. Em geral, o *assunto último* é identificado em algum tipo de conflito da *interseção* dos *tópicos* determinantes. Os *submodos* para trabalhar esse conflito *tópico* costumam vir da própria pessoa. Se a pessoa não tiver *submodos* para lidar com isso, através da *construção compartilhada* o *filósofo* ensinará novos *submodos*.

Ao trabalhar com o *assunto último*, o *filósofo clínico* e o *partilhante* realizam uma *construção compartilhada*. Não há tempo específico para isso. Essas sessões podem durar semanas, meses ou anos. Mas, uma vez fazendo as aplicações *submodais* para os conflitos *tópicos*, a pessoa segue sua vida. É estabelecida a alta ou o final da terapia. Às vezes, uma *alta compartilhada*. Mas, pode ser que uma das partes decida o momento da alta. E a vida continua.

Conclusão

A Filosofia Clínica é um novo paradigma. Com um método inspirado em dois milênios de tradição filosófica, ela traz uma faceta da filosofia pouco explorada em nossos tempos: a terapêutica. Construída a partir dos *exames categoriais*, da *estrutura de pensamento*, dos *submodos* e de uma série de indicações de precauções para o *terapeuta*, a Filosofia Clínica mostra-se uma fecunda modalidade filosófica cujo objeto é, sobretudo, o *partilhante* em sua *singularidade*. O bem-estar subjetivo rompe com padrões normativos e abre caminhos para a compreensão de cada pessoa em sua complexidade.

A Filosofia Clínica é fruto de seu tempo, das inquietações de nossa época e resultado de um contexto. Não existiria se não tivesse sido precedida por áreas como a Psicologia, a Psicanálise e a própria Filosofia. Em alguns aspectos, abrangência e capacidade adaptativa, ela pode ter vida longa servindo à posteridade. Mas, precisará manter seu caráter iconoclasta, não afeito aos dogmatismos próprios de um processo de consolidação de um novo paradigma. Para manter-se vigorosa, precisará rever-se e, tal como movimentos institucionais ao longo da história, buscar, de um novo modo, a inspiração original.

Esta obra manteve seu caráter propedêutico. É um convite ao exercício do filosofar com o outro. Cada conteúdo minimamente apresentado ocuparia todo o espaço deste trabalho e permaneceria, ainda assim, aquém da capacidade enciclopédica que sua abrangência de sentido propicia. Portanto, considere esta leitura um primeiro e tímido passo nesse universo chamado Filosofia Clínica. Os passos seguintes podem ser dados com a leitura de outras obras, como as indicadas na bibliografia. Mas, também pode se realizar nos cursos de formação espalhados nos institutos em todo o país.

Posfácio

Há muito existia a necessidade de uma obra desse porte sobre a Filosofia Clínica que explicitasse o seu método de forma didática, completa e ao mesmo tempo objetiva. Como alunos, pesquisadores e terapeutas da Casa da Filosofia Clínica, defendemos uma versão da Filosofia Clínica ao mesmo tempo original e radical. Original por ser o método inovador e libertador sistematizado por Lúcio Packter nos idos do início dos anos de 1990, e radical, no sentido de raiz, por manter exatamente aqueles pressupostos originais na concepção de metodologia e prática desse método. Nem toda inovação é melhora ou aprimoramento, pode ser divisão e afastamento. E para manter e propagar essa mensagem original e radical faltava à Casa da Filosofia Clínica uma obra que desse conta dessa mensagem. Ei-la! E qual é uma das grandes virtudes dessa obra escrita por Miguel Angelo Caruzo? Deixar a Filosofia Clínica falar por si, desde sua forma original e radical. Não apareceu aqui nesta obra a visão particular de seu escritor, mas, fenomenologicamente, ele apresentou aquilo que a Filosofia Clínica é em sua originalidade e radicalidade pela expressão do próprio método.

Outra característica desta obra é a fluidez na qual Miguel Angelo Caruzo apresenta os termos técnicos da Filosofia Clínica. De uma forma leve aproveita a própria linguagem do método e discorre sobre conceitos, termos, métodos e práticas através de uma linguagem organizada e coerente. A simplicidade do método atravessa o autor e nos faz perceber, em sua exposição escrita, aquilo que o método terapêutico da Filosofia Clínica nos expõe na prática: leveza.

A simplicidade de sua exposição se dá também pelo motivo de sua prática enquanto terapeuta da Filosofia Clínica. Transparece aqui, para quem tem a prática terapeuta em qualquer área e método, que Miguel Angelo Caruzo faz uso das terminologias da Filosofia Clínica como aquele que navega no mar do exercício terapêutico junto ao constante estudo teórico que essa prática exige. Essa circularidade – prática e teoria – de forma alguma é um círculo vicioso, mas antes uma exigência do método em si da Filosofia Clínica.

É uma honra para a Casa da Filosofia Clínica receber uma obra desse gênero e um incremento para toda a Filosofia Clínica no geral poder ter acesso a essa obra *Introdução à Filosofia Clínica*. Terapeutas, pesquisadores, professores, cursos de formação, interessados em Filosofia Clínica terão à mão, nesta obra, uma visão geral e fidedigna.

Fernando Fontoura

Referências

AIUB, M. *Como ler a Filosofia Clínica*. Prática da autonomia de pensamento. 2. ed. São Paulo: Paulus, 2010.

CARVALHO, J.M. *Estudos de Filosofia Clínica*: Uma abordagem fenomenológica. Curitiba: Ibpex, 2008.

_____. *Filosofia Clínica*: Estudos de fundamentação. São João del-Rei: UFSJ, 2005.

DANTAS, V.; CLAUS, M. & FARADAY, S. (orgs.). *Terapia em Filosofia Clínica*: Percepções e aprendizagem. Fortaleza: 2004.

"Filosofia especial – O saber filosófico de Nietzsche, Hume, Heidegger e Locke, entre outros, na polêmica". In: *Filosofia Clínica*, ano 1, n. 4.

GOYA, W. *A escuta e o silêncio*: Lições do diálogo na Filosofia Clínica. 2. ed. Goiânia: PUC-GO, 2010 [*Listening and Silence*: Lessons from Dialog in Clinical Philosophy. Trad. Clare Charity; rev. Fernanda Moura].

PACKTER, L. *Filosofia Clínica*: A filosofia no hospital e no consultório. São Paulo: All Print, 2008.

_____. *Buscas*: Caminhos existenciais. Florianópolis: Garapuvu, 2004.

_____. *Armadilhas conceituais*. Florianópolis: Garapuvu, 2003.

_____. *Aspectos matematizáveis em clínica*. Florianópolis: Garapuvu, 2003a.

_____. *Semiose*: Aspectos traduzíveis em clínica. Fortaleza: Gráfica e Editora Fortaleza, 2002 [Ed. e rev. Alex Mourão].

_____. *Filosofia Clínica*: Propedêutica. Florianópolis: Garapuvu, 2001.

PARDAL, M.L. *Filosofia Clínica como terapia*: Uma introdução ao estudo da Filosofia Clínica. Campinas: Centro de Filosofia Clínica de Campinas, 2001.

PAULO, M.N. (org.). *Primeiros passos em Filosofia Clínica*. Porto Alegre: Imprensa Livre, 1999.

PAULO, M.N. & NIEDERAUER, M.Z. *Compêndio de Filosofia Clínica* – Caso Nina. Rev. e ampl. Rio de Janeiro: Livre Expressão, 2013.

_____. *Compêndio de Filosofia Clínica*. Porto Alegre: Imprensa Livre, 1999.

STRASSBURGER, H. *A palavra fora de si*: Anotações de Filosofia Clínica e linguagem. Porto Alegre: Multifoco, 2017.

_____. *Pérolas imperfeitas*: Apontamentos sobre as lógicas do improvável. Porto Alegre: Sulina, 2012.

_____. *Filosofia Clínica*: Diálogos com a lógica dos excessos. Rio de Janeiro: E-Papers, 2009.

_____. *Filosofia Clínica*: Poéticas da singularidade. Rio de Janeiro: E-Papers, 2007.

Coleção Filosofia Clínica

– *Ser terapeuta*
Rosângela Rossi
– *Visita de médico – Uma aproximação entre Filosofia Clínica e Medicina*
Ildo Meyer
– *Introdução à Filosofia Clínica*
Miguel Angelo Caruzo

CULTURAL

Administração
Antropologia
Biografias
Comunicação
Dinâmicas e Jogos
Ecologia e Meio Ambiente
Educação e Pedagogia
Filosofia
História
Letras e Literatura
Obras de referência
Política
Psicologia
Saúde e Nutrição
Serviço Social e Trabalho
Sociologia

CATEQUÉTICO PASTORAL

Catequese
Geral
Crisma
Primeira Eucaristia

Pastoral
Geral
Sacramental
Familiar
Social
Ensino Religioso Escolar

TEOLÓGICO ESPIRITUAL

Biografias
Devocionários
Espiritualidade e Mística
Espiritualidade Mariana
Franciscanismo
Autoconhecimento
Liturgia
Obras de referência
Sagrada Escritura e Livros Apócrifos

Teologia
Bíblica
Histórica
Prática
Sistemática

REVISTAS

Concilium
Estudos Bíblicos
Grande Sinal
REB (Revista Eclesiástica Brasileira)

VOZES NOBILIS

Uma linha editorial especial, com importantes autores, alto valor agregado e qualidade superior.

VOZES DE BOLSO

Obras clássicas de Ciências Humanas em formato de bolso.

PRODUTOS SAZONAIS

Folhinha do Sagrado Coração de Jesus
Calendário de mesa do Sagrado Coração de Jesus
Almanaque Santo Antônio
Agendinha
Diário Vozes
Meditações para o dia a dia
Encontro diário com Deus
Guia Litúrgico

CADASTRE-SE
www.vozes.com.br

EDITORA VOZES LTDA.
Rua Frei Luís, 100 – Centro – Cep 25689-900 – Petrópolis, RJ
Tel.: (24) 2233-9000 – Fax: (24) 2231-4676 – E-mail: vendas@vozes.com.br

UNIDADES NO BRASIL: Belo Horizonte, MG – Brasília, DF – Campinas, SP – Cuiabá, MT
Curitiba, PR – Fortaleza, CE – Juiz de Fora, MG – Petrópolis, RJ – Recife, PE – São Paulo, SP